완전기초

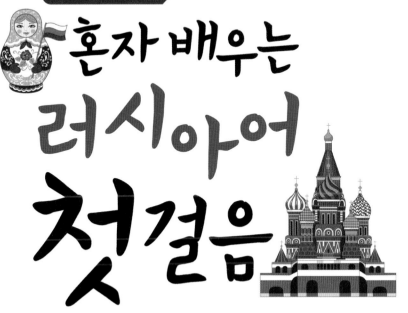

혼자 배우는
러시아어
첫걸음

조안순 지음

정진출판사

머리말

여러분에게 러시아는 어떤 나라인가요? 추운 날씨, 시베리아 횡단열차, 보드카 등이 떠오르는 나라일 수도 있고, 관심이 있거나 필요해서 공부하는 대상일 수도 있겠지요. 1990년 한러 수교, 2014년 한러 비자면제, 2018년 러시아 월드컵 등을 거치면서 점점 더 가까워지고 있지만, 두 나라가 서로 윈윈(win-win)할 수 있는 가능성은 사실 앞으로가 훨씬 더 큽니다.

러시아어는 유엔 6개 공용어 중 하나이고, 많은 나라에서 사용되고 있지만, 아직까지 우리나라에서 러시아어에 접근하는 것이 그리 쉽지는 않습니다. 호기심과 열정으로 러시아어를 시작했다가 포기하는 사람도 적지 않게 보았습니다. 그래서 이 책을 쓸 때 초보자들이 러시아어를 포기하지 않고 재미있게 계속할 수 있도록 최대한 쉽게 설명하려고 노력했습니다.

모든 언어가 그렇듯 러시아어의 출발점은 알파벳을 읽고 발음하는 것입니다. 교재 음성 파일을 자주 쓰는 플레이어나 핸드폰에 넣어 수시로 들으면서 교재를 보고 따라 말해 보세요. 초급 과정에서 제일 중요한 건 반복으로 익숙해진 일정량의 단어와 문장입니다. 문법은 문장을 이해하고 외우기 위한 도구로 쓰세요. 단어를 반복하고, 규칙을 적용한 문장을 반복하다 보면 문법이 조금씩 이해되기 시작합니다. 처음에는 하고 싶은 말, 많이 쓰는 표현을 중심으로 연습하고, 시차를 두고 반복하세요.

그 과정에서 러시아어가 익숙해지고 좀 더 쉽게 느껴진다면, 그건 러시아어가 쉬워진 것이 아니라, 여러분의 능력이 그만큼 커진 것입니다. 그리고 비로소 러시아어를 본격적으로 할 수 있는 바탕이 생긴 것이지요. 그러한 바탕 위에서 차근차근 러시아어를 연습해 나간다면, 시간은 결국 여러분의 편이 되어줄 겁니다.

저자 조 안 순

이 책의 주요 구성

기본회화

실생활에서 자주 쓰이는 화제를 실어서 실제 활용에 도움이 되도록 하였습니다.

기본회화 해설

기본회화에 나오는 주요 내용을 상세히 설명하여 누구나 쉽게 러시아어의 기본을 익힐 수 있도록 하였습니다.

새로 나온 단어

대화에 나오는 주요 단어를 정리하였습니다.

주요표현

기본회화와 관련된 여러 가지 다른 표현들을 수록하여 다양한 학습이 되도록 하였습니다.

Tip

혼동하기 쉬운 표현이나 핵심이 되는 표현들을 의미 이해에 도움이 되도록 간략하게 설명하였습니다.

주요표현 단어

주요표현에 나오는 핵심 단어들을 정리하였습니다.

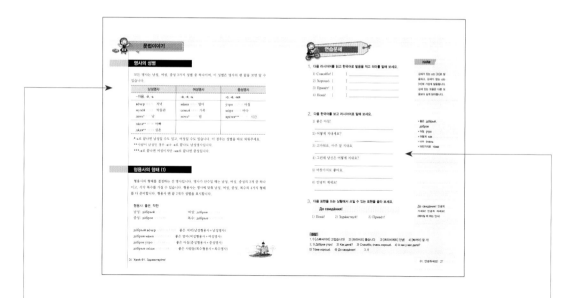

문법이야기

러시아어의 기본이 되는 문법과 용법을 정리하여 응용력을 키우도록 하였습니다.

연습문제

해당 과에서 배운 것을 기초로 여러 가지 문제를 풀면서 응용력을 키우도록 하였습니다.

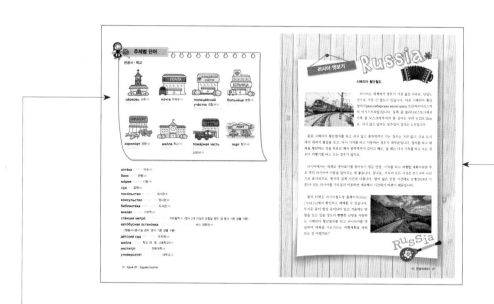

주제별 단어

본문에서 다루지 못한 생활에 꼭 필요한 단어들을 그림과 함께 수록하였습니다.

러시아 엿보기

학습자들이 러시아어에 흥미를 갖도록 하기 위해 러시아의 문화와 생활을 소개하였습니다.

 한 가지 학습자 여러분께 당부드리고 싶은 말은 이 책에 한글로 병기된 발음은 단지 참고로만 활용하시고, 정확한 발음은 녹음된 러시아 현지인의 발음을 따라하면서 습득하시기 바랍니다.

차례

발음편

러시아어의 문자와 발음

1. 러시아어 알파벳

명칭과 발음을 비슷한 한국어로 적었지만 실제 소리와는 다르므로, 음성파일을 들으며 최대한 비슷하게 따라하며 연습하세요.

	인쇄체		명칭	발음	분류
1	А	а	아	아	모음
2	Б	б	베	ㅂ (b)	자음
3	В	в	베	ㅂ (v)	자음
4	Г	г	게	ㄱ	자음
5	Д	д	데	ㄷ	자음
6	Е	е	이에	이에	모음
7	Ё	ё	이오	이오	모음
8	Ж	ж	쥐에	쥐	자음
9	З	з	제	ㅈ (z)	자음
10	И	и	이	이	모음
11	Й	й	이 끄라아뜨까예	이(짧은 이)	반자음
12	К	к	까	ㄲ	자음
13	Л	л	엘	ㄹ (l)	자음
14	М	м	엠	ㅁ	자음
15	Н	н	엔	ㄴ	자음
16	О	о	오	오	모음
17	П	п	뻬	ㅃ	자음

18	Р	р	에르	ㄹ	지음
19	С	с	에스	ㅅ	자음
20	Т	т	떼	ㄸ	자음
21	У	у	우	우	모음
22	Ф	ф	에프	ㅍ (f)	자음
23	Х	х	하	ㅎ (kh)	자음
24	Ц	ц	쩨	ㅉ (ts)	자음
25	Ч	ч	취에	취	자음
26	Ш	ш	쉬아	쉬	자음
27	Щ	щ	쒸아	쒸	자음
28		ъ	뜨비오르드이 즈낙	소리 없음	부호(경음부호)
29	Ы	ы	의	의	모음
30		ь	미아흐끼 즈낙	소리 없음	부호(연음부호)
31	Э	э	에	에	모음
32	Ю	ю	이우	이우	모음
33	Я	я	이아	이아	모음

1) 러시아어 알파벳은 모음 10개, 자음 21개, 부호 2개로 총 33개입니다. 문장의 첫 글자와 고유명사는 대문자로 쓰는데, 부호 2개는 자음 뒤에만 오므로 대문자로 쓸 일이 없습니다.

2) 5번 글자인 д는 이탤릭체 소문자에서 *∂*가 되고, 20번 글자 т는 이탤릭체 소문자에서 *m*이 됩니다.

3) 러시아어를 손으로 쓸 때는 인쇄체가 아닌 필기체로 씁니다. 처음 배울 때는 인쇄체와 필기체가 많이 헷갈리므로, 인쇄체를 먼저 익힌 후, 익숙해지면 바로 필기체 연습을 해 주세요.

필기체 대문자

АБВГДЕЁЖЗИЙКЛМНОПРСТУФХЦЧШЩЭЮЯ

필기체 소문자

абвгдеёжзийклмнопрстуфхцчшщъыьэюя

2. 러시아어 모음(10개)

А Я О Ё Э Э Е У Ю Ы И

А
우리말의 '아'와 비슷한 발음으로, 단모음입니다.
ма́ма 마아마 엄마

Я
우리말의 '이아'와 비슷한 발음으로, 이중모음이며 '이'로 시작하는 연모음입니다.
я 이아 나, 나는

О
우리말의 '오'와 비슷한 발음으로, 단모음입니다.
дом 돔 집

Ё
우리말의 '이오'와 비슷한 발음으로, 이중모음이며 '이'로 시작하는 연모음입니다.
ёлка 이올까 크리스마스트리

Э
우리말의 '에'와 비슷한 발음으로, 단모음입니다.
экра́н 에끄라안 화면

Е
우리말의 '이에'와 비슷한 발음으로, 이중모음이며 '이'로 시작하는 연모음입니다.
мне 므니에 나에게

У
우리말의 '우'와 비슷하지만 입을 좀더 모으는 발음으로, 단모음입니다.
туале́т 뚜알리에트 화장실

Ю
우리말의 '이우'와 비슷한 발음으로, 이중모음이며 '이'로 시작하는 연모음입니다.
юг 이욱 남쪽

Ы
우리말의 '의'와 비슷한 발음이지만, 단모음입니다.
сын 쓰인 아들

И
우리말의 '이'와 비슷한 발음으로, 단모음이며 '이'로 시작하는 연모음입니다.
приве́т 쁘리비에트 안녕(만났을 때), 안부

3. 러시아어 자음(21개)

Л Р Н М Б П В Ф Г К Д Т З С Ж Ш Щ Ч Ц Х Й

Л

우리말의 'ㄹ'과 비슷한 발음이고 받침이 됩니다. 뒤에 모음이 오면 한번 더 발음 됩니다. 맨 앞에 올 때는 '을' 발음이 있는 것처럼 들립니다.

стол 스또올 책상, 식탁

сле́ва 슬리에바 왼쪽에

луна́ 루나아 달

Р

우리말의 'ㄹ'과 비슷한 발음이지만 받침이 될 수 없으므로, 뒤에 모음이 오지 않 으면 '으'를 넣어 발음합니다. 혀끝이 약간 갈고리 모양인 상태에서 빠르게 진동하 여 발음됩니다. 맨 앞에 올 때는 '으', '아' 발음이 있는 것처럼 들립니다.

Ура́! 우라아 만세!

журна́л 쥐우르나알 잡지

рабо́та 라보오따 일, 업무, 직장

Н

우리말의 'ㄴ'과 비슷한 발음입니다.

нет 니에트 아니다, 없다

М

우리말의 'ㅁ'과 비슷한 발음입니다.

мир 미르 평화, 세계

Б

우리말의 'ㅂ'과 비슷한 발음이지만, 성대가 떨리는 유성음입니다.

бана́н 바나안 바나나

П

우리말의 'ㅃ'과 비슷한 발음입니다.

по́вар 뽀오바르 요리사

В

우리말의 'ㅂ'과 비슷한 발음이지만, 영어의 'v'처럼 윗니와 아랫입술이 마찰하여 소리납니다. 성대가 떨리는 유성음입니다. в 뒤에 모음이 오면 '우'처럼 들리고, в 뒤에 무성자음(17쪽 참고)이 오면 ф로 발음되는데, 잘 안 들립니다.

врач 브라취 의사

Ф	우리말의 'ㅍ'과 비슷한 발음이지만, 영어의 'f'처럼 윗니와 아랫입술이 마찰하여 소리납니다. смарт**ф**óн 스마르뜨포온 스마트폰
Г	우리말의 'ㄱ'과 비슷한 발음이지만, 성대가 떨리는 유성음입니다. **г**азéта 가지에따 신문
К	우리말의 'ㄲ'과 비슷한 발음입니다. 자음 т와 н 앞에서 종종 'ㅋ'으로 소리납니다. **к**óфе 꼬오페 커피 **к**ак 깍 어떻게 **к**то 크또 누구
Д	우리말의 'ㄷ'과 비슷한 발음이지만, 성대가 떨리는 유성음입니다. **д**а 다 그렇다, 맞다
Т	우리말의 'ㄸ'과 비슷한 발음이며, 맨 끝에 올 때는 'ㅌ'으로 소리납니다. **т**ам 땀 저기에, 거기에
З	우리말의 'ㅈ'과 비슷한 발음이지만, 성대가 떨리는 유성음이고, 영어의 'z'처럼 혀끝과 윗니가 마찰하여 소리가 납니다. мага**з**и́н 마가지인 가게, 상점
С	우리말의 'ㅅ'과 비슷한 발음이며, 영어의 's'처럼 혀끝과 윗니가 마찰하여 소리가 납니다. 모음과 결합할 때는 'ㅆ'으로 소리납니다. **с**пра́ва 스쁘라아바 오른쪽에 **с**ок 쏙 주스
Ж	우리말의 '쥐'와 비슷한 발음인데, 혀가 수저 모양으로 움푹 파이며 바람 소리가 나고, 성대가 떨리는 유성음입니다. **ж**е́нщина 쥐에엔쒸나 여성, 여자 тó**ж**е 또오쥐에 또한, 마찬가지로

우리말의 '쉬'와 비슷한 발음인데, 혀가 수저 모양으로 움푹 파이며 바람 소리가 납니다.

шаг 쉬악 발걸음

маши́на 마쉬이나 자동차

 우리말의 '쒸'와 비슷한 발음인데, 혀 중간을 입천장에 가까이하며 바람 소리를 냅니다.

щётка 쒸오뜨까 브러시, 솔

борщ 보오르쒸 보르쉬(러시아 스프 중 하나)

 우리말의 '취'와 비슷한 발음인데, 혀 중간을 입천장에 가까이하며 바람 소리를 냅니다.

час 취아스 시간(단위로서의), 시각

 우리말의 'ㅉ'과 비슷하게 들리지만, 영어의 'ts' 발음을 세게 한 것에 가까우며, 혀 끝이 윗니 뒷부분과 닿았다가 떨어지며 소리가 납니다.

пя́тница 삐아뜨니짜 금요일

 우리말의 'ㅎ'과 비슷하게 들리지만, 영어의 'kh' 발음과 가깝습니다.

хор 호르 합창, 합창단

 우리말의 '이'와 비슷하지만, 혀 중간이 입천장에 가까이 가며, 항상 짧게 발음됩니다.

чай 취아이 차(tea)

4. 러시아어 부호(2개)

 미아흐끼 즈낙: 연음부호

자음 뒤에만 올 수 있으며, 해당 자음을 발음하며 혀 중간을 입천장에 가까이 합니다. 자음이 ь를 만나면 '으'와 '이'의 중간 발음처럼 들립니다.

пальто́ 빨또오 외투

 뜨비오르드이 즈낙: 경음부호

자음 뒤에만 올 수 있으며, '이' 소리가 있는 모음과 결합할 때, 해당 자음의 연음화를 막습니다. 즉, 앞의 자음에 '으' 모음을 넣어 발음해 줍니다.

съесть 스이에스쯔 다 먹다

5. 러시아어 발음 규칙

1) 러시아어의 강세

- 한 단어에 하나의 강세만 올 수 있으며, 강세가 있는 모음은 길고 세게 발음합니다.
  ма́ма 마아마 엄마

- ё는 항상 강세를 가지고 있습니다.
  ёлка 이올까 크리스마스트리

- 2개 이상의 단어가 결합한 합성어일 때는, 강세가 2개가 될 수도 있습니다.
  по́лго́да 뽀올고오다 반 년

- 강세 있는 모음이 단어 맨 앞이고 대문자이면 강세 표시를 하지 않습니다.
  Это Анна. 에에따 아안나 이 사람은 안나입니다.(강세는 각각 э, а에 있음)

2) 강세가 없는 모음의 모음약화

- о가 강세가 없으면 '아'에 가까운 발음이 됩니다.
  хорошо́ 하라쉬오 좋다, 잘

- е가 강세가 없으면 '이'에 가까운 발음이 됩니다.
  Сеу́л 씨우울 서울

- е가 강세가 없으면서 맨 끝에 오면, 힘을 뺀 '예' 발음과 비슷합니다.
  мо́ре 모오례 바다

- я가 강세가 없으면 '이'에 가까운 발음이 됩니다.

  язы́к 이즈익 언어, 혀

- я가 강세가 없으면서 맨 끝에 오면, 힘을 뺀 '야' 발음과 비슷합니다.

  Росси́я 라씨이야 러시아

- ча가 강세가 없으면 '취'에 가까운 발음이 됩니다.

  часы́ 취쓰이 시계

- ча가 강세가 없으면서 맨 끝에 오면, 힘을 뺀 '취아'가 됩니다.

  да́ча 다아취아 별장, 주말농장

- ща가 강세가 없으면 '쒸'에 가까운 발음이 됩니다.

  пло́щадь 쁠로오쒸쯔 광장(дь가 '쯔'로 발음되는 이유는 자음동화와 구개음화 참고)

- ща가 강세가 없으면서 맨 끝에 오면, 힘을 뺀 '쒸아'가 됩니다.

  тёща 찌오쒸아 장모, 아내의 어머니

3) 자음동화

성대가 떨리는 유성자음과 성대가 떨리지 않는 무성자음이 연달아 있을 때, 뒤에 오는 자음의 영향으로 앞의 자음이 변하는 역행동화가 일어납니다.

- 대응하는 유성음과 무성음(뒤의 자음에 따라 변하는 자음)

유성자음	б	в	г	д	ж	з
무성자음	п	ф	к	т	ш	с

- 무성음 6개(п, ф, к, т, ш, с)가 유성음 5개(б, г, д, ж, з) 앞에 올 때, 대응하는 유성음이 됩니다.

  вокза́л 바그자알 기차역 (무 + 유 → 유 + 유)

- 한 단어는 아니지만 앞 단어의 끝 자음과 뒤 단어의 첫 자음 사이에서도 이런 현상은 일어납니다.

  Как у вас дела́? 깍 우 바즈 질라아 당신 어떻게 지내요?

- 대응하는 유성음 중에서 в는 앞에 오는 무성음을 유성음으로 바꾸지 않습니다.

  твой 뜨보이 너의 (무 + в유 → 무 + в유)

- 유성음 6개(б, в, г, д, ж, з)가 무성음 10개(п, ф, к, т, ш, с) + (ч, ц, щ, х) 앞에 올 때, 대응하는 무성음이 됩니다.

  авто́бус 아프또오부스 버스 (유 + 무 → 무 + 무)

- 무성음 4개(ч, ц, щ, х)는 대응하는 유성음은 없지만, 앞의 유성음을 무성음으로 바꿉니다.

  вчера́ 프취라아 어제

- 유성음 6개(б, в, г, д, ж, з)는 단어의 맨 끝에 올 때도 무성음이 됩니다.

  муж 무쉬 남편 (단어 맨 끝: 유 → 무)

- 유성음이 단어의 맨 끝에 연달아 오면, 붙어있는 유성음이 전부 무성음이 됩니다.

  по́езд 뽀오이스트 기차 (단어 맨 끝: 유유 → 무무)

4) 구개음화

'이'로 시작되는 연모음 и, я, е, ё, ю와 연음부호 ь와 결합할 때 자음 д는 'ㅈ'과 비슷하게 발음이 되고, 자음 т는 'ㅉ'과 비슷하게 발음이 됩니다. 좀더 정확하게 말하자면, 해당 자음이 발음될 때 혀 중간이 입천장에 가까이 닿으면서 소리가 납니다.

  де́ти 지에찌 아이들

5) 묵음

자음이 3개 이상 겹치는 경우 중에서 일부 자음 결합에서 소리나지 않는 자음인 묵음이 있습니다.

- здн에서 д 묵음

  пра́здник 쁘라즈닉 공휴일, 명절

- стн과 стл에서 가운데 т 묵음

  ра́достный 라아다스느이 기쁜   **счастли́вый** 쒸슬리이브이 행복한(сч → щ 발음)

- вств에서 맨 앞의 в 묵음

  здра́вствуйте 즈드라아스뜨부이쩨 안녕하세요

- рдц에서 가운데 д 묵음

  се́рдце 씨에르쩨 심장, 마음

6) 기타

- ч → ш(예외)

  что 쉬또 무엇

  коне́чно 까니에쉬나 물론

- сч → щ

  счёт 쒸오트 계산서, 계좌

- жч → щ

  мужчи́на 무쒸이나 남성, 남자

- ться, тся → ца

  познако́миться 빠즈나꼬오미짜 서로 소개하다, 인사하다

- 모음 사이에 г → в(단어가 원래 형태가 아니라 변한 형태일 때)

  eró 이보오 그의, 그를

- 단어의 원래 형태일 때는 모음 사이의 г가 바뀌지 않습니다

  погóда 빠고오다 날씨

- к 앞에 오는 г → х

  мя́гкий 미아흐끼 부드러운, 연음의

- 자음이 2번 겹쳐도 한번만 발음되지만, н이 2번 겹치면 2번 발음됩니다.

  программи́ст 쁘라그라미이스트 프로그래머

  вое́нный 바이엔느이 군인

- 자음 결합 нг는 받침 о으로 소리가 납니다.

  Вашингто́н 바쉥또온 워싱턴

7) 경모음과 연모음, 경자음과 연자음, 경음부호와 연음부호

러시아어의 모음은 '이' 소리로 시작되면 연모음이라고 합니다.

경모음	а 아	э 에	ы 의	о 오	у 우
연모음	я 이아	е 이에	и 이	ё 이오	ю 이우

자음이 경모음과 만나면 경자음이라고 하고, 자음이 연모음과 만나면 연자음이라고 합니다.

	경자음	연자음
а - я	**да** 다 네	**дя́дя** 지아쟈 아저씨
э - е	**сэт** 쎄트 세트	**се́вер** 씨에비르 북쪽
ы - и	**мы** 므이 우리	**мир** 미르 평화, 세계
о - ё	**стол** 스또올 책상	**тётя** 찌오쨔 아주머니
у - ю	**суп** 쑵 스프	**сюда́** 쓔다아 여기로

경자음은 혀 끝이 윗니 가까이에서, 연자음은 혀 중간이 입천장 가까이에서 소리가 납니다.

자음이 맨 끝에 올 때는 결합 모음이 없어 경자음인지 연자음인지 알 수 없으므로, 경음부호(ъ)와 연음부호(ь)를 활용합니다. 다만, 현대 러시아어에서는 단어 맨 끝에 오는 경음부호(ъ)를 생략하므로, 자음으로 끝나면 경자음입니다.

сын 쓰인 아들 (맨 끝 н 경자음, 예전에는 сынъ으로 표기했으나 현대에는 ъ 탈락)

день 지엔 날, 낮 (맨 끝 연자음)

자음 중 ц, ж, ш는 혀 끝이 윗니 가까이에서 발음되므로 뒤에 오는 모음과 상관없이 항상 경자음으로 소리가 나며, ч, щ, й는 혀 중간이 입천장 가까이에서 소리가 나므로 뒤에 오는 모음과 상관없이 항상 연자음으로 소리가 납니다.

6. 러시아어의 억양(높낮이)

1) 평서문: 문장의 끝 부분의 억양을 내려줍니다.

Мáма дóма.

마아마 도오마

엄마가 집에 있습니다.

2) 의문사 있는 의문문: 의문사에서 강세 있는 곳의 억양을 많이 올리고 나머지는 내립니다.

Когдá семинáр?

까그**다아** 씨미나아르

세미나가 언제예요?

3) 의문사 없는 의문문: 궁금한 부분에서 강세 있는 곳의 억양을 많이 올리고 나머지는 내립니다.

Мáма дóма?

마아마 **도오**마

엄마가 집에 있나요?

4) 부가 의문문: 살짝 내렸다가 물어보는 부분에서 강세 있는 곳의 억양을 올려줍니다.

Мáма дóма. А пáпа?

마아마 도오마　　　아 **빠아**빠

엄마는 집에 있습니다. 그런데 아빠는요?

5) 감탄문: 단어들에서 강세가 있는 부분들의 억양을 조금 올려줍니다.

Какáя хорóшая погóда!

까**까아**야 하**로오**쉬아야 빠**고오**다

얼마나 좋은 날씨인지!

일상회화편

Сеу́льский вокза́л?
Это недалеко́.

Прости́те, вы зна́ете, где
нахо́дится Сеу́льский вокза́л?

Урок 01

Здравствуйте!
안녕하세요!

 기본회화

Мария :	**Здра́вствуйте!**
	즈드라아스뜨부이쩨
Иван :	**Здра́вствуй!**
	즈드라아스뜨부이
Анна :	**Приве́т!**
	쁘리비에트
Максим :	**Здра́вствуйте!**
	즈드라아스뜨부이쩨
София :	**Всем приве́т!**
	프씨엠　쁘리비에트
Андрей :	**До́брое у́тро!**
	도오브라예　우우뜨라
Алиса :	**До́брый день!**
	도오브르이　지엔
Михаил :	**До́брый ве́чер!**
	도오브르이　비에취르

해석

마리야:	안녕하세요! (1명에게, 공식)
이반:	안녕! (1명에게, 친근)
안나:	안녕! (1명에게, 친근)
막심:	안녕하세요! (여러 명에게, 공식)
소피야:	모두 안녕! (여러 명에게, 친근)
안드레이:	안녕하세요! (아침 인사)
알리사:	안녕하세요! (낮 인사)
미하일:	안녕하세요! (저녁 인사)

기본회화 해설

1. Здра́вствуйте! 안녕하세요!

만났을 때 하는 인사는 사이가 얼마나 가까운지, 인사하는 상대방이 1명인지 여러 명인지, 그리고 인사하는 시간이 하루 중 언제인지에 따라 다릅니다.

1) 일반적으로 처음 만난 사이거나 공적인 인사, 하루 중 처음 만났을 때 하는 인사입니다.

   Здра́вствуйте! 즈드라아스뜨부이쩨 안녕하세요! (앞에서 다섯번째 철자 в 묵음)

2) 좀 더 가까워졌을 때나, 친구나 가족과 같은 사이에서 만났을 때 하는 인사입니다.

   Здра́вствуй! 즈드라아스뜨부이 안녕! (앞에서 다섯번째 철자 в 묵음)

   Приве́т! 쁘리비에트 안녕! (위의 здра́вствуй보다 더 자주 쓰입니다)

   Всем приве́т! 프씨엠 쁘리비에트 모두 안녕! (여러 명에게 친근하게 인사할 때)

3) 가까운 사이거나 공적인 사이거나, 1명에게 인사하거나 여러 명에게 인사하거나, 그날 처음 만났거나 아니면 또 다시 만났거나, 이 모든 것에 상관없이 할 수 있는 인사입니다. 하루의 때에 따라 아래 중 하나의 표현을 골라 인사하면 됩니다.

   До́брое у́тро! 도오브라예 우우뜨라 안녕하세요! (좋은 아침, 아침 인사)

   До́брый день! 도오브르이 지엔 안녕하세요! (좋은 낮, 낮 인사)

   До́брый ве́чер! 도오브르이 비에취르 안녕하세요! (좋은 저녁, 저녁 인사)

새로 나온 단어

здра́вствуйте 즈드라아스뜨부이쩨 안녕하세요
здра́вствуй 즈드라아스뜨부이 안녕 (만났을 때)
приве́т 쁘리비에트 안녕 (만났을 때), 안부〈남〉
всем 프씨엠 모두에게
до́брое 도오브라예 좋은, 착한 (중성명사 수식)

у́тро 우우뜨라 아침〈중〉
до́брый 도오브르이 좋은, 착한 (남성명사 수식)
день 지엔 날, 낮〈남〉
ве́чер 비에취르 저녁〈남〉

일러두기 **이 책에 쓰인 약어들**

〈남〉 남성명사 〈여〉 여성명사 〈중〉 중성명사 〈복〉 복수명사 〈불변〉 불변명사 〈불완〉 불완료 〈완〉 완료 〈원형〉 동사원형
〈예외〉 규칙에서 벗어난 단어

Tip

как은 '어떻게'라는 뜻이고, дела는 업무, 가족, 취미 등의 여러 가지의 '일과 사건들'을 말하므로, как дела는 '일들은 어때, 어떻게 지내?'라는 표현입니다. 원래는 Как у тебя дела?[깍 우 찌비아 질라]로 '너한테'라는 뜻의 у тебя[우 찌비아]가 생략되어 있습니다.

Tip

위에 나왔던 Как у тебя дела?에서 как дела가 생략되었습니다. а는 화제가 전환될 때 쓰는 접속사입니다.

Приве́т, Макси́м!
쁘리비에트 막씨임

안녕, 막심!

Приве́т, Ма́ша! Как дела́?
쁘리비에트 마아쉬아   깍   질라아

안녕, 마샤! 어떻게 지내?

Хорошо́, спаси́бо.
하라쉬오   스빠씨이바

잘 지내, 고마워.

А у тебя́?
아 우 찌비아

그런데 너는?

То́же хорошо́.
또오쥐에 하라쉬오

역시 잘 지내.

Пока́!
빠까아

잘 가!

До свида́ния!
다   스비다아니야

안녕히 가세요!

До́брый день, Михаи́л Алекса́ндрович!
도오브르이 지엔   미하이일   알릭싸안드라비치

안녕하세요(낮 인사), 미하일 알렉산드로비치!

Tip

у тебя는 가까운 사이에서 у вас는 공적인 관계나 상대방이 여러 명일 때 쓰입니다. у вас의 맨 끝의 무성음 с가 дела́의 맨 처음의 유성음 д 때문에 з로 교체되어 발음됩니다.

Здра́вствуйте, Анна Ива́новна! Как у вас дела́?
즈드라아스뜨부이쩨   아안나 이바아나브나   깍   우 바즈 질라아

안녕하세요, 안나 이바노브나! 당신은 어떻게 지내시나요?

Спаси́бо, всё хорошо́.
스빠씨이바   프씨오 하라쉬오

감사합니다, 모든 게 좋습니다.

А у вас?
아 우 바스
그런데 당신은요?

Óчень хорошó. Спасúбо.
오오천　하라쉬오　스빠씨이바
아주 좋아요. 고맙습니다.

До свидáния, Михаúл Алексáндрович.
다　스비다아니야　미하이일　알릭싸안드라비치
안녕히 가세요, 미하일 알렉산드로비치.

До свидáния, Анна Ивáновна.
다　스비다아니야　아안나　이바아나브나
안녕히 가세요, 안나 이바노브나.

Всегó дóброго.
프씨보오 도오브라바
잘 지내시길.

Всегó хорóшего.
프씨보오 하로오쉬바
잘 지내시길.

Tip

공적인 호칭에는 이름 Михаúл 이나 Анна 뒤에 아버지의 이름을 딴 부칭을 붙여줍니다. 아버지 이름이 Алексáндр이면 아들의 부칭은 Алексáндрович[알릭싸안드라비치], 딸의 부칭은 Алексáндровна[알릭싸안드라브나]이고, 아버지 이름이 Ивáн이면 아들의 부칭은 Ивáнович[이바아나바치]이고 딸의 부칭은 Ивáновна[이바아나브나]입니다.

주요표현 단어

как 깍 어떻게
делá 질라아 일들('дéло[지엘라] 일'의 복수형태)
хорошó 하라쉬오 좋다, 잘
спасúбо 스빠씨이바 고맙다, 감사〈중〉
а 아 그런데, 그러면 (전환)
у тебя 우 찌비아 너에게는 (너의 소유)
тóже 또오줴에 또한, 역시, 마찬가지로
покá 빠까아 잘 가, 잘 있어
до свидáния 다 스비다아니야

안녕히 가세요, 안녕히 계세요
всё 프씨오 모든 것, 모두〈중〉
у вас 우 바스 당신에게는 (당신의 소유)
óчень 오오천 아주, 매우
всегó дóброго 프씨보오 도오브라바
　모든 일이 좋기를, 헤어질 때 인사로도 쓰임
всегó хорóшего 프씨보오 하로오쉬바
　모든 일이 좋기를, 헤어질 때 인사로도 쓰임
(기원의 생격 16과 참고)

문법이야기

명사의 성별

모든 명사는 남성, 여성, 중성 3가지 성별 중 하나이며, 이 성별은 명사의 맨 끝을 보면 알 수 있습니다.

남성명사	여성명사	중성명사
−자음, -й, -ь	-а, -я, -ь	-о, -е, -мя
ве́чер 비에취르 저녁 музе́й 무지에이 박물관 день* 지엔 낮	ма́ма 마아마 엄마 семья́ 씨미아 가족 ночь* 노오취 밤	у́тро 우우뜨라 아침 мо́ре 모오례 바다 вре́мя*** 브리에먀 시간
па́па** 빠아빠 아빠 дя́дя** 지야쟈 삼촌		

*-ь로 끝나면 남성일 수도 있고, 여성일 수도 있습니다. 이 경우는 성별을 따로 외워주세요.
**사람이 남성인 경우 -а나 -я로 끝나도 남성명사입니다.
***-я로 끝나면 여성이지만 -мя로 끝나면 중성입니다.

형용사의 형태 (1)

형용사의 형태를 결정하는 건 명사입니다. 명사가 단수일 때는 남성, 여성, 중성의 3개 중 하나이고, 각각 복수를 가질 수 있습니다. 형용사는 명사에 맞춰 남성, 여성, 중성, 복수의 4가지 형태를 다 준비합니다. 형용사 맨 끝 2개가 성별을 표시합니다.

형용사: 좋은, 착한
남성: до́брый 도오브르이　　　여성: до́брая 도오브라야
중성: до́брое 도오브라예　　　복수: до́брые 도오브르이예

до́брый ве́чер 도오브르이 비에취르 좋은 저녁(남성형용사＋남성명사)
до́брая ма́ма 도오브라야 마아마 좋은 엄마(여성형용사＋여성명사)
до́брое у́тро 도오브라예 우우뜨라 좋은 아침(중성형용사＋중성명사)
до́брые лю́ди 도오브르이예 류우지 좋은 사람들(복수형용사＋복수명사)

연습문제

1. 다음 러시아어를 발음해 보고 의미를 말해 보세요.

1) Спаси́бо! _____

2) Хорошо́. _____

3) Приве́т! _____

4) Пока́! _____

2. 다음 한국어를 보고 러시아어로 말해 보세요.

1) 좋은 아침!

_____

2) 어떻게 지내세요?

_____

3) 고마워요, 아주 잘 지내요.

_____

4) 그런데 당신은 어떻게 지내요?

_____

5) 마찬가지로 좋아요.

_____

6) 안녕히 계세요!

_____

- 좋은 до́брый, до́брое
- 아침 у́тро
- 어떻게 как
- 아주 о́чень
- 마찬가지로 то́же

3. 다음 표현을 쓰는 상황에서 쓰일 수 있는 표현을 골라 보세요.

До свида́ния!

1) Пока́!   2) Здра́вствуй!   3) Приве́т!

До свида́ния! 안녕히 가세요! 안녕히 계세요! (헤어질 때 하는 인사)

정답

1. 1) [스빠씨이바] 고맙습니다!   2) [하라쉬오] 좋습니다   3) [쁘리비에트] 안녕!   4) [빠까아] 잘 가!
2. 1) До́брое у́тро!   2) Как дела́?   3) Спаси́бо, о́чень хорошо́.   4) А как у вас дела́?
5) То́же хорошо́.   6) До свида́ния!   3. 1)

관공서 · 학교

це́рковь 교회〈여〉
쩨르카프

по́чта 우체국〈여〉
뽀오취따

полице́йский уча́сток 경찰서〈남〉
빨리쩨에이스끼 우취아스딱

больни́ца 병원〈여〉
발니이짜

аэропо́рт 공항〈남〉
아에라뽀오르트

шко́ла 학교〈여〉
쉬꼬올라

пожа́рная часть 소방서〈여〉
빠쥐아르나야 취아스쯔

порт 항구〈남〉
뽀오르트

апте́ка 압찌에까 약국〈여〉

банк 바안끄 은행〈남〉

мэ́рия 메에리야 시청〈여〉

суд 쑤트 법원〈남〉

посо́льство 빠쏘올스뜨바 대사관〈중〉

ко́нсульство 꼬온쑬스뜨바 영사관〈중〉

библиоте́ка 비블리아찌에까 도서관〈여〉

вокза́л 바그자알 기차역〈남〉

ста́нция метро́ 스따안찌야 미뜨로오 지하철역〈여〉 (명사 2개 이상의 조합일 경우, 앞 명사 기준 성별 구분)

авто́бусная остано́вка 아프또오부스나야 아스따노오프까 버스 정류장〈여〉
　　('형용사+명사'일 경우, 명사 기준 성별 구분)

де́тский сад 지엣스끼 싸트 유치원〈남〉

шко́ла 쉬꼬올라 학교 (초·중·고등학교)〈여〉

институ́т 인스찌뚜우트 전문대학〈남〉

университе́т 우니비르시찌에트 대학교〈남〉

러시아 엿보기

시베리아 횡단철도

러시아는 세계에서 영토가 가장 넓은 나라로, 단일노선으로 가장 긴 철도가 있습니다. 바로 시베리아 횡단열차(Транссиби́рская магистра́ль 뜨란씨비이리스까야 마기스뜨라알)입니다. 동쪽 끝 블라디보스토크에서 서쪽 끝 모스크바까지의 총 길이는 무려 9,228.2km로, 쉬지 않고 달려도 일주일이 걸리는 노선입니다

물론 시베리아 횡단열차를 타고 쉬지 않고 종착역까지 가는 경우는 거의 없고, 주요 도시에서 내려서 볼일을 보고, 다시 기차를 타고 이동하는 경우가 대부분입니다. 열차를 타고 대륙을 횡단하는 것을 목표로 해서 종착역까지 갔다고 해도, 올 때는 다시 기차를 타고 오는 것보다 비행기를 타고 오는 경우가 많지요.

러시아에서는 대체로 영어표기를 찾아보기 힘든 만큼, 기차를 타고 여행할 계획이라면 주요 역의 러시아어 이름을 알아두는 게 좋습니다. 참고로, 기차의 모든 시간은 모스크바 시간으로 표시되므로, 현지의 실제 시간과 다릅니다. 땅이 넓은 만큼 시간대도 11개(2018년 기준)나 되는 러시아를 가로질러 이동하면 계속해서 시간대가 바뀌기 때문입니다.

열차 티켓은 러시아철도청 홈페이지(http://rzd.ru)에서 확인하고 예매할 수 있습니다. 뜨거운 물이 항상 준비되어 있고 겨울에도 반팔을 입고 있을 정도의 빵빵한 난방을 자랑하는 시베리아 횡단열차를 타고 러시아어를 연습하며 대륙을 가로지르는 여행계획을 세워보는 건 어떨까요?

기본회화

Света : **Приве́т, Ива́н!**
쁘리비에트　　이바안

Иван : **Приве́т, Све́та! Это Минсу. Минсу, э́то Све́та.**
쁘리비에트　　스비에따　에에따 민수　　민수　　에에따 스비에따

Света : **Здра́вствуйте. Прия́тно познако́миться.**
즈드라아스뜨부이쩨　　쁘리이아뜨나　빠즈나꼬오미짜

Минсу : **Прия́тно познако́миться.**
쁘리이아뜨나　빠즈나꼬오미짜

Света : **А кем вы рабо́таете?**
아　끼엠　브이　라보오따이쩨

Минсу : **Я врач. А вы?**
야　브라취　아　브이

Света : **Я программи́ст.**
야　쁘라그라미이스트

> Приве́т, Све́та! Это Минсу.
> Минсу, э́то Све́та.

> Прия́тно познако́миться.

해석

스베타: 안녕, 이반!

이반:　안녕, 스베타! 얘는 민수야. 민수, 얘는 스베타야.

스베타: 안녕하세요. 만나서 반가워요.

민수:　만나서 반가워요.

스베타: 그런데 당신 직업은 무엇인가요?

민수:　저는 의사예요. 그런데 당신은요?

스베타: 저는 프로그래머예요.

1. Это Минсу. 이 사람은 민수이다.

Это[에에따]는 사람과 사물을 모두 지칭할 수 있는 지시대명사입니다.

> Это Минсу. 에에따 민수 이 사람은 민수이다.
>
> Это Минсу и Света. 에에따 민수 이 스비에따 이 사람들은 민수와 스베타이다. (и: 그리고)
>
> Это машина. 에에따 마쉬이나 이것은 자동차이다.
>
> Это машина и телефон. 에에따 마쉬이나 이 찔리포온 이것들은 자동차와 전화기이다.

러시아어에서는 현재 시제에서 '~이다'라는 뜻의 동사를 주로 생략하므로 это 뒤에 바로 명사를 쓰면, '이것은 ~이다', '이 사람은 ~이다'라는 문장이 됩니다.

2. Приятно познакомиться. 만나서 반가워요.

처음 만나서 인사를 하고 반가움을 나타낼 때 사용하는 표현입니다. приятно[쁘리이아뜨나]는 '반갑다, 기분 좋다'는 뜻이고 познакомиться[빠즈나꼬오미짜]는 '서로 알게 되다, 서로 통성명한다'는 뜻으로 합쳐서 만나서 반갑다는 뜻입니다.

3. Кем вы работаете? 당신의 직업은 무엇인가요?

상대방의 직업을 물어보는 표현입니다. кем[끼엠]은 '어떤 사람으로서', вы[브이]는 '당신은', работаете[라보오따이쩨]는 '일한다'는 뜻으로, 합쳐서 '당신은 어떤 사람으로 일하고 있느냐?', 즉 상대방의 직업을 물어보는 질문입니다. 문법에서 좀더 자세히 다루도록 하겠습니다.

새로 나온 단어

это 에에따 이 사람(들), 이것(들)

приятно 쁘리이아뜨나 반갑다, 기분 좋다

познакомиться 빠즈나꼬오미짜
  서로 알게 되다, 서로 통성명하다〈완〉

а 아 그런데 (전환)

кем 끼엠 어떤 사람으로서

вы 브이 당신은

работаете 라보오따이쩨 (당신은) 일한다
  (원형 работать)〈불완〉

я 야 나는

врач 브라취 의사〈남〉

программист 쁘라그라미이스트 프로그래머〈남〉

주요표현

Tip

óчень[오오친]은 매우라는 뜻을 가지고 있어서 приятно[쁘리이아뜨나]와 같이 쓰이면 '정말 반갑다'는 뜻입니다. приятно познакомиться[쁘리이아뜨나 빠즈나꼬오미짜]와 비슷한 뜻입니다.

Tip

주어가 ты[뜨이]일 때는 работаешь[라보오따이쉬]를 씁니다. 러시아의 동사는 주어에 따라 끝이 조금씩 달라지는데, 주어가 ты일 때는 끝이 ешь인 경우가 많습니다.

Máма, это Cáша.

마아마   에에따 싸아쉬아

엄마, 애는 사샤예요.

Здрáвствуйте. Cáша. Очень приятно.

즈드라아스뜨부이쩨   싸아쉬아 오오친   쁘리이아뜨나

안녕하세요. 사샤예요. 만나서 반갑습니다.

Приятно познакóмиться.

쁘리이아뜨나 빠즈나꼬오미짜

만나서 반갑구나.

А кем ты рабóтаешь?

아 끼엠 뜨이 라보오따이쉬

그런데 네 직업은 뭐니?

Я слýжащий.

야 슬루우쥐아쒸이

저는 회사원이에요.

Всем привéт!

프씨엠   쁘리비에트

모두들 안녕!

Это Анна.

에에따 아안나

얘는 안나야.

Анна, э́то Мáша, Натáша и Пáша.

아안나   에에따 마아쉬아 나따아쉬아 이 빠아쉬아

안나, 애네들은 마샤, 나타샤 그리고 파샤야.

Очень приятно, Мáша, Натáша, Пáша!

오오친   쁘리이아뜨나 마아쉬아 나따아쉬아   빠아쉬아

정말 반가워, 마샤, 나타샤, 파샤!

Приятно познакóмиться, Анна.

쁘리이아뜨나 빠즈나꼬오미짜   아안나

만나서 반가워, 안나.

Tip

대명사 вы[브이]는 당신이라는 뜻도 있고, '너희들, 당신들'이라는 뜻도 있습니다.

Tip

사원이 남자이거나 성별을 구분하지 않고 쓸 때는 служащий[슬루우쥐아쒸]이지만, 여성임이 확실할 때는 служащая[슬루우쥐아쒸야]를 써줍니다. 그리고 ща[쒸아]에 강세가 없으므로 실제로는 щи[쒸]로 발음해 줍니다. 형용사 형태이지만 명사처럼 씁니다.

Tip

주어가 я일 때는 동사 끝에 ю가 와서 рабóтаю가 됩니다. 그리고 부정하는 내용의 앞에는 '~가 아닌'이라는 뜻의 не를 써 주는데, 이 뜻으로 쓰일 때는 항상 강세가 없어 [니]로 발음됩니다.

А кем вы рабóтаете?
아 끼엠 브이 라보오따이쩨
그런데 너희들은 직업이 뭐야?

Я учи́тель. А ты?
야 우취이찔   아 뜨이
나는 선생님이야. 그런데 너는?

Я по́вар.
야 뽀오바르
나는 요리사야.

Я слу́жащая.
야 슬루우쥐아쒸야
나는 회사원(여)이야.

А я ещё не рабóтаю.
아 야 이쒸오 니 라보오따유
나는 아직 일하지 않아.

Я студе́нтка.
야 스뚜지엔뜨까
나는 대학생(여)이야.

주요표현 단어

ма́ма 마아마 엄마〈여〉

ты 뜨이 너는

рабóтаешь 라보오따아쉬 (너는) 일한다
  (원형 рабóтать)〈불완〉

слу́жащий 슬루우쥐아쒸이 사원〈남〉

слу́жащая 슬루우쥐아쒸야 사원〈여〉

и 이 그리고

вы 브이 당신은, 너희들은, 당신들은

учи́тель 우취이찔 선생님〈남〉

по́вар 뽀오바르 요리사〈남〉

ещё 이쒸오 아직, 더

не 니 ~가 아닌

рабóтаю 라보오따유 (나는) 일한다
  (원형 рабóтать)〈불완〉

студе́нт 스뚜지엔트 대학생〈남〉

студе́нтка 스뚜지엔뜨까 여대생〈여〉

문법이야기

동사의 현재

1과에서는 주어가 되는 명사를 배웠다면 이번 과에서는 서술어가 되는 동사에 대해 배웁니다. 러시아어의 동사는 주어에 따라 맨 끝의 형태가 바뀌는데요, 가장 많은 형태의 1식 동사 중에서 '일하다'라는 뜻을 가진 рабóтать[라보오따쯔]를 통해 살펴보도록 할게요.

1) 원형: рабóтать라는 형태를 동사의 '원형'이라고 하지만 서술어로 쓰이지는 않습니다. 그렇지만 조동사 뒤에서는 이 형태가 쓰이고, 사전에 나오는 기본형이니 기억해 주세요.

2) 서술어로 쓰일 때는 맨 끝의 ть를 빼고 주어에 맞는 어미를 넣어주는데, 주어는 1인칭(나), 2인칭(너), 3인칭(나와 너 제외)의 단수와 복수로 나뉩니다.

я 야	나는	1인칭 단수
ты 뜨이	너는	2인칭 단수
он 온, онá 아나아, онó 아노오	그는, 그녀는, 그것은	3인칭 단수
мы 므이	우리는	1인칭 복수 (나 포함)
вы 브이	당신은, 당신들은	2인칭 복수 (나 제외, 너 포함)
они́ 아니이	그들은, 그것들은	3인칭 복수 (나 제외, 너 제외)

я рабóтаю	야 라보오따유	나는 일한다
ты рабóтаешь	뜨이 라보오따이쉬	너는 일한다
он рабóтает	온 라보오따이트	그는 일한다
мы рабóтаем	므이 라보오따임	우리는 일한다
вы рабóтаете	브이 라보오따이쩨	당신(들)은 일한다
они́ рабóтают	아니이 라보오따유트	그들은 일한다

만약 주어가 мáма[마아마]라면 онá[아나아]에 해당하니까 мáма рабóтает[마아마 라보오따이트]가 되고, 주어가 мáма и пáпа[마아마 이 빠아빠]이면 복수인 они́[아니이]에 해당하니까 мáма и пáпа рабóтают[마아마 이 빠아빠 라보오따유트]가 됩니다. 그럼 다음 과에서 배울 동사인 '알다'라는 знать[즈나아쯔]를 주어에 따라 변화시켜 볼까요?

я знáю	야 즈나아유	나는 안다
ты знáешь	뜨이 즈나아이쉬	너는 안다
он знáет	온 즈나아이트	그는 안다
мы знáем	므이 즈나아임	우리는 안다
вы знáете	브이 즈나아이쩨	당신(들)은 안다
они́ знáют	아니이 즈나아유트	그들은 안다

연습문제

1. 다음 빈칸에 동사 рабо́тать를 적절한 형태로 바꿔 쓰세요.

1) Кем вы _____?

2) Я ещё не _____.

3) Кем ты _____?

4) Ма́ма и па́па _____.

5) Кем Минсу _____?

> **note**
>
> • кем   어떤 직업인으로,
>   어떤 사람으로
> • ещё 아직, 더

2. 다음 한국어를 보고 러시아어로 말해보세요.

1) 모두 안녕, 얘는 안나야.

_____

2) 만나서 반가워요.

_____

3) 근데 네 직업은 어떻게 되니?

_____

4) 나는 회사원(여)이야. 근데 넌?

_____

5) 나는 대학생(남)이야.

_____

> • 모두에게 всем
> • 얘는(이 사람은) э́то
> • 회사원〈남〉
>   слу́жащий
> • 회사원〈여〉
>   слу́жащая
> • 대학생〈남〉 студе́нт
> • 대학생〈여〉 студе́нтка

3. 다음 표현과 같은 뜻으로 쓰이는 표현을 고르세요.

Прия́тно познако́миться

1) Очень хорошо́.   2) Всё хорошо́.

3) Очень прия́тно.   4) Всем приве́т.

> • о́чень 아주, 매우
> • хорошо́ 좋게, 좋다, 잘
> • прия́тно
>   반갑다, 기분 좋다
> • приве́т 안녕, 안부

> **정답**
>
> 1. 1) рабо́таете   2) рабо́таю   3) рабо́таешь   4) рабо́тают   5) рабо́тает   2. 1) Всем приве́т.
> Это Анна.   2) Прия́тно познако́миться.   3) А кем ты рабо́таешь?   4) Я слу́жащая. А ты?
> 5) Я студе́нт.   3. 3)

직업

полице́йский 경찰⟨남⟩
빨리쩨에이스끼

банки́р 은행원⟨남⟩
반끼이르

по́вар 요리사⟨남⟩
뽀오바르

врач 의사⟨남⟩
브라취

рабо́чий 노동자⟨남⟩
라보오취이

медсестра́ 간호사⟨여⟩
밋씨스뜨라아

худо́жник 화가⟨남⟩
후도오쥐닉

слу́жащий / слу́жащая
슬루우쥐아쒸이 / 슬루우쥐아쒸야
회사원⟨남/여⟩

шко́льник / шко́льница 학생⟨남/여⟩

쉬꼬올닉 / 쉬꼬올니짜

студе́нт / студе́нтка 대학생⟨남/여⟩

스뚜지엔트 / 스뚜지엔뜨까

учи́тель / учи́тельница 선생님⟨남/여⟩

우취이찔 / 우취이찔니짜

домохозя́йка 다마하지아이까 주부⟨여⟩

го́сслу́жащий / го́сслу́жащая 공무원⟨남/여⟩

고오슬루쥐아쒸이 / 고오슬루쥐아쒸야 (형용사 형태)

бизнесме́н 비즈니스미엔 사업가⟨남⟩

секрета́рь 씨끄리따아르 비서⟨남⟩

ме́неджер 미에니쥐르 매니저⟨남⟩

инжене́р 인쥐니에르 기술자⟨남⟩

архите́ктор 아르히찌엑따르 건축가⟨남⟩

продаве́ц 쁘라다비에쯔 판매원⟨남⟩

адвока́т 아드바까아트 변호사⟨남⟩

писа́тель 삐싸아찔 작가⟨남⟩

певе́ц 삐비에쯔 가수⟨남⟩

почтальо́н 빠취딸리오온 우체부⟨남⟩

вое́нный 바이엔느이 군인⟨남⟩ (형용사 형태)

пожа́рный 빠쥐아르느이 소방수⟨남⟩ (형용사 형태)

спортсме́н 스빠르쯔미엔 운동선수⟨남⟩

диплома́т 지쁠라마아트 외교관⟨남⟩

перево́дчик 삐리보옷칙 통역사⟨남⟩

моде́ль 마데엘 모델⟨여⟩

диза́йнер 지자아이니르 디자이너⟨남⟩

журнали́ст 쥐우르날리이스트 기자⟨남⟩

гид 기트 여행가이드⟨남⟩

пило́т 삘로오트 파일럿⟨남⟩

стюарде́сса 스쮸아르데에싸 스튜어디스⟨여⟩

води́тель 바지이찔 운전사⟨남⟩

фе́рмер 피에르미르 농부⟨남⟩

러시아 엿보기

러시아어에 관하여

러시아어는 유엔(UN) 6개 공용어 중 하나로 세계적으로 널리 사용되고 있는 중요한 언어입니다.

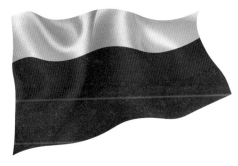

전 세계 인구 중에서 약 2억 6천만 명이 러시아어를 사용하고 있고, 모국어로 사용하는 인구는 1억 4천만 명 정도 됩니다. 1990년대 초반 소련이 해체된 이후 러시아어의 인기가 좀 떨어지기는 했지만 제2외국어로 러시아어를 배우는 인구도 7천만 명에 이릅니다. 또한 인터넷 사용 언어 순위에서 러시아어는 4천 5백만 명으로 9위를 차지했다고 합니다.

러시아어가 주로 사용되는 나라는 당연히 러시아이며, 러시아 연방을 제외하고 러시아어를 국가 언어로 사용하는 나라로는 벨라루스가 있고, 카자흐스탄과 키르키스스탄은 러시아어를 공용어로 지정하고 있습니다. 독립국가연합(CIS) 10개국에서는 제2공용어로 사용되고 있고, 독립국가연합을 제외한 지역 중에서는 발트해 연안 국가인 에스토니아, 라트비아, 리투아니아에 거주하는 러시아인들을 중심으로 러시아어가 사용되고 있습니다.

언어학상으로 보면 러시아어는 인도유럽어족의 슬라브어군에 속해 있으며, 그중에서도 우크라이나어, 벨라루스어와 함께 동슬라브어에 속합니다. 9세기 중엽 그리스 성직자 콘스탄틴이 형 메포디와 함께 최초의 슬라브 문자를 만들었는데 콘스탄틴이 사망했을 때 로마 교황으로부터 키릴이라는 성자의 명칭을 부여받았습니다. 이 이름을 따서 10세기 경 만든 문자를 '키릴 문자'라고 하고, 이를 기초로 고대 러시아어가 발달하기 시작했습니다.

그 이후 3차례의 문자 개혁을 거쳐, 오늘날 러시아인들이 사용하는 러시아어가 탄생하게 되었습니다.

Урок 03

Как вас зовут?
당신 이름은 어떻게 되나요?

 기본회화

Мина : **Здра́вствуйте! Дава́йте познако́мимся.**
즈드라아스뜨부이쩨 　 다바아이쩨 　 빠즈나꼬오밈싸.

Меня́ зову́т Мина. А как вас зову́т?
미니아 　 자부우트 　 민아 　 아 　 깍 　 바즈 　 자부우트

Виктор : **Меня́ зову́т Ви́ктор.**
미니아 　 자부우트 　 비익따르

Мина : **Очень прия́тно.**
오오췬 　 쁘리이아뜨나

Виктор : **Очень прия́тно. Вы коре́янка?**
오오췬 　 쁘리이아뜨나 　 브이 　 까리이안까

Мина : **Да, я коре́янка. А ма́ма ру́сская. А вы ру́сский?**
다 　 야 까리이안까 　 아 마아마 루우스까야 　 아 브이 루우스끼

Виктор : **Да, я ру́сский.**
다 　 야 루우스끼

> Здра́вствуйте!
> Дава́йте познако́мимся.
> Меня́ зову́т Мина.
> А как вас зову́т?

> Меня́ зову́т Ви́ктор.

해석

민아: 안녕하세요! 서로 소개해요.
　　　제 이름은 민아예요.
　　　그런데 당신 이름은 어떻게 되나요?
빅토르: 제 이름은 빅토르입니다.
민아: 만나서 반갑습니다.
빅토르: 만나서 반갑습니다. 그런데 당신은 한국인인가요?
민아: 네, 전 한국인이에요. 엄마는 러시아인이구요. 그런데 당신은 러시아인인가요?
빅토르: 네, 저는 러시아인이에요.

1. Дава́йте познако́мимся. 서로 소개해요.

дава́йте[다바아이쩨]는 '~합시다'라는 뜻이고, 맨 끝의 те를 뺀 дава́й[다바아이]는 '~하자'라는 뜻입니다. 그 뒤에 나오는 동사는 주어가 우리(мы)일 때의 형태입니다. '~합시다'라고 하는 주체가 '우리'이기 때문이죠. 주어가 мы일 때 동사는 보통 ем(ём)이나 им으로 끝납니다. 이 문장에서는 им으로 끝났는데, 거기에 '서로'를 의미하는 ся가 붙어서 имся가 되었습니다. (15과 문법 142쪽 참고)

2. Как вас зову́т? 당신 이름은 어떻게 되나요?

зову́т은 '사람들이 부른다'라는 뜻으로, меня́ зову́т는 '나를 부른다', вас зову́т는 '당신을 부른다'는 의미입니다. 그래서 как вас зову́т는 '어떻게 당신을 부르냐'는 뜻이 되지요. меня́(나를), вас(당신을)와 같은 형태를 대격이라고 하는데, 문법에서 좀더 자세히 다룰게요. 그리고 발음을 보면 вас가 [바스]가 아닌 [바즈]로 소리나는데, 뒤에 오는 зовут의 첫 글자 з(유성자음)이 вас의 끝 글자 с(무성자음)를 유성자음으로 바꾸었습니다. (17쪽 자음동화 참고)

3. Да, я коре́я́нка. 네, 전 한국인입니다.

러시아어로 국적이나 민족을 말할 때는 대부분 남녀의 성별을 구분해 줍니다. 한국인 남성은 коре́ец[까리에이쯔], 한국인 여성은 коре́я́нка[까리이안까]이고, 러시아인 남성은 ру́сский[루우스끼], 러시아인 여성은 ру́сская[루우스까야]입니다. 성별을 구분하지 않고 그냥 한국인, 러시아인이라고 하고 싶다면 남성 형태를 쓰면 됩니다. ру́сский, ру́сская는 형용사 형태인데, 사람을 나타내는 경우 형용사가 명사처럼 쓰이는 경우도 있습니다. (형용사 4과 문법 50쪽 참고) 그리고 나라 이름은 대문자로 쓰지만, 형용사와 사람은 소문자로 씁니다.

새로 나온 단어

дава́йте 다바아이쩨 ~합시다
познако́мимся 빠즈나꼬오밈싸
　(우리는) 서로 소개할 것이다 (원형 познако́миться)〈완〉
меня́ 미니아 나를
зову́т 자부우트 사람들이 부른다 (원형 звать)〈불완〉

вас 바스 (유성자음 앞에서 바즈) 당신을, 당신들을
коре́ец 까리에이쯔 한국인, 한국인 남성〈남〉
коре́я́нка 까리이안까 한국인 여성〈여〉
ру́сская 루우스까야 러시아인 여성〈여〉
ру́сский 루우스끼 러시아인 남성, 러시아인〈남〉

Tip

러시아어 의문문과 평서문은 어순이 같습니다. Вас зовут Алиса[바즈 자부우트 알리이사]라는 문장은 '당신 이름은 알리사군요'이고, Вас зовут Алиса?[바즈 자부우트 알리이사]라는 문장은 '당신 이름은 알리사인가요'입니다. 물론, 의문문일 때의 억양은 물어보는 부분을 올려야 합니다.

Простите, вас зовут Алиса?

쁘라스찌이쩨   바즈 자부우트 알리이싸

실례지만, 당신 이름이 알리사인가요?

Да, меня зовут Алиса.

다   미니아   자부우트 알리이싸

네, 제 이름은 알리사입니다.

Вы меня знаете?

브이 미니아   즈나아이쩨

당신은 저를 아시나요?

Да, кажется, я вас знаю.

다   까아쥐짜   야 바즈 즈나아유

네, 저는 당신을 아는 것 같아요.

Tip

можно[모오쥐나]는 '~해도 된다, ~할 수 있다'라는 의미로 뒤에 동사원형이 오지만 문맥을 알 때는 종종 생략합니다. 여기서는 '부르다'라는 동사의 원형인 звать[즈바아쯔]가 생략되었는데 '불러도 된다'라는 뜻입니다. просто[쁘로오스따]는 '그냥'이라는 뜻으로 문맥상 '편하게'라는 의미입니다.

Меня зовут Михаил. Можно просто Миша.

미니아   자부우트 미하이일   모오쥐나   쁘로오스따 미이쉬아

제 이름은 미하일입니다. 편하게 미샤라고 부르셔도 돼요.

Миша? Это ты? Давно не виделись.

미이쉬아   에에따 뜨이 다브노오 니   비이질리스

미샤? 너니? 오랜만이다.

Как у тебя дела?

깍   우 찌비아 질라아

어떻게 지내?

Нормально, спасибо. А у тебя?

나르마알나   스빠씨이바   아 우 찌비아

보통이야, 고마워. 그런데 너는?

Всё хорошо.

프씨오 하라쉬오

다 좋아.

Ты здесь работаешь?

뜨이 즈지에스 라보오따이쉬

너 여기서 일해?

Да, я здесь рабо́таю.

다 야 즈지에스 라보오따유

그래, 나 여기서 일해.

Ты сейча́с занята́?

뜨이 씨취아스 자니따아

너 지금 바쁘니?

Нет, я не занята́. А ты?

니에트 야 니 자니따아 아 뜨이

아니, 나 안 바빠. 그런데 넌?

Я то́же не за́нят.

야 또오쥐에 니 자아니트

나도 안 바빠.

Пойдём, попьём ко́фе вме́сте.

빠이지옴 빠삐이옴 꼬오페 브미에스쩨

커피 같이 마시러 가자.

Пойдём.

빠이지옴

가자.

> **Tip**
>
> 바쁘다라는 표현은 주어가 남성인지 여성인지에 따라 끝부분이 다릅니다. 주어가 남성일 때는 за́нят[자아니트]이고 여성일 때는 занята́[자니따아]입니다. 자세한 내용은 문법에서 다룰게요.

> **Tip**
>
> 원래 이 문장은 원래는 '가자'라는 의미의 дава́й пойдём[다바이 빠이죰과] '마시자'라는 의미의 дава́й попьём[다바이 빠삐옴]에서 дава́й[다바이]가 생략된 문장입니다. 많이 쓰는 형태의 청유형에서 дава́й[다바이]가 종종 생략되기도 합니다. (15과 문법 참고)

주요표현 단어

прости́те 쁘라스찌이쩨 실례합니다

зна́ете 즈나아이쩨 (당신은) 안다 (원형 знать)〈불완〉

зна́ю 즈나아유 (나는) 안다 (원형 знать)〈불완〉

ка́жется 까아쥐짜 ~인 것 같다

мо́жно 모오쥐나 ~해도 된다, ~할 수 있다

про́сто 쁘로오스따 그냥, 단순히

давно́ не ви́делись 다브노오 니 비이질리스 오랜만이다 (오래 전부터 보지 못했다)

норма́льно 나르마알나 보통이다

здесь 즈지에스 여기에서

сейча́с 씨취아스 지금

занята́ 자니따아 (주어 여성) 바쁘다

за́нят 자아니트 (주어 남성) 바쁘다

пойдём 빠이지옴 (우리는) 갈 것이다, 가자

попьём 빠삐이옴 (우리는) 마실 것이다, 마시자

ко́фе 꼬오페 커피〈남, 불변, 예외〉

вме́сте 브미에스쩨 함께

문법이야기

대명사의 주격과 대격

러시아어의 대명사는 문장에서의 주어 역할을 하면 주격, 직접 목적어(~을) 역할을 하면 대격을 씁니다.

주격(1격)		대격(4격)	
я 이아	나는	меня́ 미니아	나를
ты 뜨이	너는	тебя́ 찌비아	너를
он 온	그는, 그것은〈남〉	его́ 이보오	그를, 그것을〈남〉
она́ 아나아	그녀는, 그것은〈여〉	её 이이오	그녀를, 그것을〈여〉
оно́ 아노오	그것은〈중〉	его́ 이보오	그것을〈중〉
мы 므이	우리는	нас 나스	우리를
вы 브이	당신(들)은	вас 바스	당신(들)을
они́ 아니이	그들은, 그것들은	их 이흐	그들을, 그것들을

이 중에서 он, она́, они́는 사람을 받을 수도 있지만 사물을 받을 수도 있습니다.

서술어 역할을 하는 형용사 단어미

형용사 단어미는 서술어 역할을 하며 주어 역할을 하는 명사의 성과 수에 따라 맨 끝의 형태가 달라집니다. 남성 형태의 맨 뒤에 여성일 때는 a, 중성일 때는 o, 복수일 때는 ы를 붙여줍니다.

남성	여성	중성	복수
он за́нят 온 자아니트 그는 바쁘다	она́ занята́ 아나아 자니따아 그녀는 바쁘다	оно́ за́нято 아노오 자아니따 그것은 바쁘다	они́ за́няты 아니이 자아니뜨이 그들은 바쁘다
я за́нят 이아 자아니트 나는(남자) 바쁘다	я занята́ 이아 자니따아 나는(여자) 바쁘다	оно́ 생략 시 '전화 통 화 중', '자리 주인이 있다'는 뜻으로 쓰임	мы за́няты 므이 자아니뜨이 우리는 바쁘다
ты за́нят 뜨이 자아니트 너는(남자) 바쁘다	ты занята́ 뜨이 자니따아 너는(여자) 바쁘다		вы за́няты 브이 자아니뜨이 당신(들)은 바쁘다

※вы는 '당신' 혹은 '당신들'이라는 뜻으로 1명이거나 여러 명을 의미할 수 있는데,
1명이라도 복수 형태인 за́няты를 씁니다. 형용사 단어미는 1과, 4과에 나온
형용사 장어미와 달리 단기간의 상태를 표현합니다.

연습문제

1. 다음 러시아어를 읽고 해석하세요.

1) Дава́йте познако́мимся! _____

2) Пойдём. _____

3) Попьём ко́фе. _____

4) Меня́ зову́т Ви́ктор. _____

2. 다음 한국어를 보고 러시아어로 말해보세요.

1) 당신 이름이 어떻게 되나요?

_____

2) 편하게 미샤라고 불러도 돼요.

_____

3) 저는 한국인이에요.

_____

4) 당신은 지금 바쁜가요?

_____

5) 저는 여기에서 일해요.

_____

3. 주어진 단어를 대격으로 바꾸세요.

1) я _____ 2) вы _____

3) ты _____ 4) он _____

5) она́ _____ 6) мы _____

note

• дава́йте ~합시다

• (мы) познако́мимся (우리는) 서로 소개할 것 이다

• (мы) пойдём (우리는) 갈 것이다

• (мы) попьём (우리는) 마실 것이다

• ~해도 된다 мо́жно

• 편하게, 그냥 про́сто

• 바쁘다 за́нят, занята́, за́нято, за́няты

• 여기에서 здесь

• я 나는

• вы 당신(들)은

• ты 너는

• он 그는

• она́ 그녀는

• мы 우리는

정답

1. 1) 서로 소개합시다   2) 갑시다, 가자   3) 커피 마십시다, 커피 마시자   4) 내 이름은 빅토르다.

2. 1) Как вас зову́т?   2) Мо́жно про́сто Ми́ша.   3) Я коре́ец. (Я коре́янка)   4) Вы сейча́с за́няты?

5) Я здесь рабо́таю.   3. 1) меня́   2) вас   3) тебя́   4) его́   5) её   6) нас

주제별 단어

나라 · 도시

Южная Коре́я 한국〈여〉
이우쥐나야 까리에야

Се́верная Коре́я 북한〈여〉
씨에비르나야 까리에야

Росси́я 러시아〈여〉
라씨이야

США 미국〈복〉〈약어〉
스쉬아

Кита́й 중국〈남〉
끼따아이

Вьетна́м 베트남〈남〉
비뜨나암

Англия 영국〈여〉
아앙글리야

Фра́нция 프랑스〈여〉
프라안찌야

Герма́ния 독일〈여〉
기르마아니야

Украи́на 우크라이나〈여〉
우끄라이이나

Казахста́н 카자흐스탄〈남〉
까자흐스따안

Узбекиста́н 우즈베키스탄〈남〉
우즈비끼스따안

Япо́ния 이뽀오니야 일본〈여〉

Сингапу́р 씽가뿌우르 싱가포르〈남〉

Индия 이인지야 인도〈여〉

Брази́лия 브라지일리야 브라질〈여〉

Кана́да 까나아다 캐나다〈여〉

Ира́н 이라안 이란〈남〉

Ита́лия 이따알리야 이탈리아〈여〉

Финля́ндия 핀리안지야 핀란드〈여〉

Белару́сь 빌라루우스 벨라루스〈여〉

Ту́рция 뚜우르찌야 터키〈여〉

Кирги́зия 끼르기이지야 키르기스스탄〈여〉

Афганиста́н 아브가니스따안 아프가니스탄〈남〉

Сеу́л 씨우울 서울〈남〉

Пхенья́н 프히니안 평양〈남〉

Москва́ 마스끄바아 모스크바〈여〉

Санкт-Петербу́рг 상트 페테르부르크〈남〉
싼끄트 뻬찌르부우륵

Вашингто́н 바싱또온 워싱턴〈남〉

Пеки́н 뻬끼인 베이징〈남〉

То́кио 또오끼오 도쿄〈남, 불변, 예외〉

Пари́ж 빠리이쉬 파리〈남〉

Берли́н 비를리인 베를린〈남〉

Ло́ндон 로온단 런던〈남〉

Рим 림 로마〈남〉

러시아 엿보기 · Russia

러시아의 인구, 분포, 성별

러시아의 인구는 2018년 기준으로 약 1억 4천만 명으로, 세계 9위이고 유럽 최대입니다. 물론 세계에서 가장 넓은 땅덩이를 고려하면 인구밀도가 높은 편이라고 할 수는 없겠지만, 대부분의 인구는 우랄산맥 서쪽인 유럽 지역에 살고 있으며, 수도인 모스크바와 주요 대도시들도 이 지역에 위치하고 있습니다. 러시아 영토의 훨씬 더 넓은 영역을 차지하는 우랄산맥 동쪽 시베리아와 극동 지방에 살고 있는 인구는 러시아 전체 인구의 약 4%뿐입니다. 이 지역의 환경이 사람이 살기 힘든 곳이 많기에, 제정 러시아나 소련 시절 유형이나 강제 이주로 살기 시작한 경우가 많았고, 그 시절에는 거주 이전의 자유도 많지 않았습니다. 시간이 흘러 더 자유롭게 이동할 수 있게 되고, 경제 위기로 인해 일자리를 찾아 대도시로 이동하는 인구가 많아지면서 계속 인구가 줄게 되었지요.

극동 지방으로의 이주를 장려하고 지역 개발에 박차를 가하기 위해 2013년부터 시작된 '시베리아 및 극동 개발 프로젝트' 중 핵심 사업으로, 러시아에서는 이 지역으로 이주하는 러시아 주민 1명당 1헥타르(1만㎡=약 3,025평)을 무상으로 지급하는 파격적인 프로젝트를 가동시켰습니다. 2016년 여름부터 본격적으로 가동된 이 사업에 2017년 10월까지 무려 11만 명 이상이 지원했고 그 중 1/3이 분배를 받았습니다. 러시아 정부는 이후에도 여러 지원과 관리를 통해 정착을 돕고, 개발 용도는 이주민들의 선택에 전적으로 맡길 예정이라고 합니다.

러시아 인구의 또 하나의 특징이 있다면, 여성의 인구가 남성의 인구보다 많다는 점입니다. 비율로 보면 여성 100명당 남성은 약 86명인데, 젊은 층에서는 오히려 남성이 약간 더 많은데도 나이 전체 평균으로는 여성이 더 많은 이유 중의 하나로 보드카와 흡연 등으로 인해 남성의 평균 수명의 짧은 것도 있습니다. 이러한 이유와 관련이 있을지 모르겠지만, 러시아는 몇 년 전부터 아주 강력한 금주, 금연법을 시행하고 있습니다.

Russia

Как это по-русски?
이건 러시아어로 어떻게 말해요?

 기본회화

Данил : **Что ты де́лаешь?**
쉬또 뜨이 지엘라이쉬

Зису : **Ничего́. А как по-ру́сски '잡지'?**
니취보오   아 깍   빠 루우스끼   잡지

Данил : **Журна́л.**
쥐우르나알

Зису : **А что зна́чит магази́н?**
아 쉬또 즈나아취트   마가지인

Данил : **Это зна́чит '가게'.**
에에따 즈나아취트   가게

Зису : **Поня́тно. Я ду́мала, что магази́н - э́то '잡지'.**
빠니아뜨나   야 두우말라   쉬또 마가지인   에에따 잡지

Я их ча́сто пу́таю.
야 이흐 취아스따   뿌우따유

> **Ничего́.**
> **А как по-ру́сски '잡지'?**

> **Журна́л.**

해석

다닐: 너 뭐해?
지수: 아무것도. 그런데 러시아어로 '잡지'가 뭐야?
다닐: 쥐우르날.
지수: 그러면 '마가진'은 무슨 뜻이야?
다닐: 그건 '가게'를 의미해.
지수: 그렇구나. 나는 '마가진'이 '잡지'라고 생각했어.
　　　 나는 그것들을 자주 혼동해.

1. Что ты де́лаешь? 너 뭐해?

де́лать[지엘라쯔]는 '하다'라는 의미를 지닌 동사입니다. 상대방이 무엇을 하는지 물어볼 때 가까운 사이라면 Что ты де́лаешь?를 씁니다. 잘 모르는 사이라면 Что вы де́лаете?[쉬또 브이 지엘라이쩨]로 물어봅니다. 2, 3과에 나온 рабо́тать[라보오따쯔], знать[즈나아쯔]와 동일한 방식으로 변화합니다.

2. Как по-ру́сски '잡지'? 러시아어로 '잡지'가 뭐야?

по-ру́сски는 '러시아어로'의 뜻이므로 Как по-ру́сски는 '러시아어로 어떻게'라는 의미이고, э́то를 넣어 Как э́то по-ру́сски?라고 물어보면 '이건 러시아어로 어떻게 말하나요?'라고 하는 뜻이 됩니다.

3. Что зна́чит магази́н? '마가진'은 무슨 뜻이야?

что는 '무엇'이라는 뜻의 의문사이고 зна́чит는 '의미한다'라는 뜻이므로 합치면 '무슨 의미야'라는 말입니다. э́то를 넣은 Что э́то зна́чит?는 '이건 무슨 의미야?'라는 표현입니다.

4. Я ду́мала, что магази́н - э́то '잡지'. 나는 '마가진'이 '잡지'라고 생각했어.

생각을 표현할 때는 'ду́мать, что ~' 구문을 사용합니다. 3번에 나온 что와는 달리 여기서는 '무엇'이라는 의미가 없고, 생략할 수도 있습니다. я ду́мал, что라고 하면 주어가 남성일 때 '나는 ~라고 생각했다'라는 뜻입니다. 주어가 여성이라면 я ду́мала, что라고 합니다. э́то 앞의 '-'는 명사와 명사를 연결하며 '~이다'라는 의미를 가지고 있습니다. 단어를 연결하여 합성어로 만드는 по-ру́сски 중간에 있는 것과는 다르며, 전자는 생략 가능하지만, 후자는 생략할 수 없습니다.

새로 나온 단어

ты де́лаешь 뜨이 지엘라이쉬
너는 한다 (원형 де́лать)〈불완〉

ничего́ 니취보오 아무것도

по-ру́сски 빠루우스끼 러시아어로

журна́л 쥐우르나알 잡지〈남〉

что 쉬또 무엇 (중성 취급), ~라고 (접속사)

зна́чит 즈나아췬트 의미한다 (원형 зна́чить)〈불완〉

магази́н 마가지인 가게〈남〉

поня́тно 빠니아뜨나 이해된다, 알겠다

ду́мал, что 두우말 쉬또 (주어 남성) ~라고 생각했다
(원형 ду́мать)〈불완〉

ду́мала, что 두우말라 쉬또 (주어 여성) ~라고 생각했다

их 이흐 그것들을 (они́의 대격, 3과 문법 42쪽 참고)

ча́сто 취아스따 자주

я пу́таю 야 뿌우따유 나는 혼동한다 (원형 пу́тать)〈불완〉

주요표현

Tip

사물과 식물은 '무엇'이라는 뜻의 что로 물어보고 사람과 동물은 '누구'라는 뜻의 кто로 질문합니다.

Что э́то?

쉬또 에에따

이건 뭐야?

Это стол, стул и дива́н.

에에따 스똘 스뚤 이 지바안

이건 책상, 의자, 그리고 소파야.

Это маши́на?

에에따 마쉬이나

이건 자동차야?

Да, э́то маши́на.

다 에에따 마쉬이나

그래, 이건 자동차야.

Это телефо́н?

에에따 찔리포온

이건 전화야?

Tip

'...가 아니라 ~다'라는 표현으로 не ..., а ~를 씁니다.

Нет, э́то не телефо́н, а часы́.

니에트 에에따 니 찔리폰 아 취쓰이

아니, 이건 전화가 아니고 시계야.

Tip

гара́ж에서 맨 끝의 유성음 ж는 무성음화되어 ш로 발음됩니다.
(17쪽 자음동화 참고)

Это дом, а э́то гара́ж.

에에따 돔 아 에에따 가라아쉬

이건 집이고, (전환) 이건 차고야.

Чай и́ли ко́фе?

취아이 이일리 꼬오페

차 아니면 커피?

Это пти́ца и́ли самолёт?

에에따 쁘찌이짜 이일리 싸말리오트

이건 새야 아니면 비행기야?

Tip

я ду́маю, что는 현재시제로 '나는 ~라고 생각한다'라는 뜻입니다. 과거인 я ду́мал(а), что와 함께 많이 쓰이는 구문이니 반복해서 익혀두세요.

Я ду́маю, что э́то пти́ца.

야 두우마유 쉬또 에에따 쁘찌이짜

나는 이게 새라고 생각해.

Tip

색깔을 물어볼 때는 какóго цвéта라는 표현을 앞에 쓰고 뒤에 명사를 쓰면 됩니다. какóго цвéта는 '어떤 색깔의'라는 뜻입니다. (생격 150쪽 참고)

Tip

명사를 서술하는 형용사는 명사의 성별에 따라 끝의 2개의 글자가 달라집니다. (문법 참고)

Какóго цвéта зонт?

까꼬오바 쯔비에따 존트

우산은 무슨 색이야?

Зонт жёлтый.

존트 쥐올뜨이

우산은 노란색이야.

Какóго цвéта нéбо?

까꼬오바 쯔비에따 니에바

하늘은 무슨 색이야?

Нéбо голубóе.

니에바 갈루보오예

하늘은 하늘색이야.

Какóго цвéта кýртка?

까꼬오바 쯔비에따 꾸우르뜨까

재킷은 무슨 색이야?

Кýртка крáсная.

꾸우르뜨까 끄라아스나야

재킷은 빨간색이야.

주요표현 단어

кто 크또 누구 (남성 취급)	**птúца** 쁘찌이짜 새〈여〉
стол 스똘 책상, 식탁〈남〉	**самолёт** 싸말리오트 비행기〈남〉
стул 스뚤 의자〈남〉	**я дýмаю, что** 야 두우마유 쉬또
дивáн 지바안 소파〈남〉	나는 ~라고 생각한다 (원형 дýмать)〈불완〉
машúна 마쉬이나 자동차〈여〉	**какóго цвéта (какóй цвет)** 까꼬오가 쯔비에따
телефóн 찔리포온 전화〈남〉	어떤 색깔의
не..., а ~ 니 아 …가 아니라 ~이다	**зонт** 존트 우산〈남〉
часы́ 취쓰이 시계 (항상 복수)〈복〉	**жёлтый** 쥐올뜨이 노란 (남성 수식)
дом 돔 집〈남〉	**нéбо** 니에바 하늘〈중〉
гарáж 가라아쉬 차고〈남〉	**голубóе** 갈루보오예 하늘색의 (중성 수식)
чай 취아이 차(tea)〈남〉	**кýртка** 꾸우르뜨까 재킷〈여〉
и́ли 이일리 또는, 아니면	**крáсная** 끄라아스나야 빨간 (여성 수식)

문법이야기

동사의 과거

러시아어 동사의 과거는 현재보다 더 간단합니다. 주어가 남성인지, 여성인지, 중성인지, 복수인지에 따라 맨 끝의 어미가 달라집니다.

дýмать 생각하다 (동사원형)

он дýмал 온 두우말	онá дýмала 아나아 두우말라	онó дýмало 아노오 두우말라	онú дýмали 아니이 두우말리
그는 생각했다	그녀는 생각했다	그것은 생각했다	그들이 생각했다

즉, 동사원형의 맨 끝에 붙어있는 ть를 떼어내고 주어가 남성이면 л, 여성이면 ла, 중성이면 ло, 복수이면 ли를 붙여주면 됩니다. 그러면 주어가 я이거나 ты일 때는 어떻게 할까요? 간단합니다. я나 ты가 남성이면 л, 여성이면 ла를 붙여주세요. 주의할 점은, 당신이라는 뜻의 вы일 때는 1명이더라도 복수형태인 ли를 붙여준다는 겁니다. 동사 과거는 л, ла, ло, ли를 기억해주세요.

형용사의 형태 (2)

1과에서 형용사의 4가지 형태를 배웠지요. 형용사는 명사 앞에서 명사를 수식하거나, 명사 뒤에서 명사를 서술할 수 있습니다. 형태에 대해서 좀더 자세히 정리해볼게요.

1) 빨간색의	кра́сный 끄라스느이, кра́сная 끄라스나야, кра́сное 끄라스나예, кра́сные 끄라스느이에 대부분의 형용사가 이 형태입니다. 남성은 -ый, 여성은 -ая, 중성은 -ое, 복수는 -ые 입니다.
2) 하늘색의	голубо́й 갈루보오이, голуба́я 갈루바아야, голубо́е 갈루보오예, голобы́е 갈루브이예 강세가 끝에서 2번째 글자에 오는 경우 남성만 -ой가 됩니다.
3) 러시아의	ру́сский 루우스끼, ру́сская 루우스까야, ру́сское 루우스까예, ру́сские 루우스끼예 자음 중 к, г, х, ш, щ, ж, ч는 ы를 и로 바꿉니다. 남성은 -ий, 복수는 -ие입니다.
4) 어떤	како́й 까꼬오이, кака́я 까까아야, како́е 까꼬오예, каки́е 까끼이예 2번의 이유로 남성은 -ой이고, 3번의 이유로 복수는 -ие입니다. 색깔 물어볼 때 표현인 како́го цве́та는 како́й цвет이 변형된 형태입니다.(생격, 16과 문법 참고)
5) 좋은	хоро́ший 하로오쉬이, хоро́шая 하로오쉬아야, хоро́шее 하로오쉬예, хоро́шие 하로오쉬에 자음 중 ш, щ, ж, ч, ц의 뒤에 오는 о에 강세가 없으면 대신 е를 씁니다. 그래서 중성이 -ее가 되었죠. 3번의 이유로 남성은 -ий, 복수는 -ие가 되었습니다.
6) 파란	си́ний 씨이니, си́няя 씨이니아야, си́нее 씨이니예, си́ние 씨이니예 자음이 к, г, х, ш, щ, ж, ч가 아닌데도 남성에서 -ий가 오는 경우가 있습니다. 이런 경우는 따로 외워둬야 합니다. 문법적으로는 연변화라고 합니다.

연습문제

1. 다음 러시아어를 읽고 해석하세요.

1) Я ду́мал, что э́то магази́н. _____

2) Я их ча́сто пу́таю. _____

3) Поня́тно. _____

4) Это не телефо́н, а часы́. _____

2. 다음 한국어를 보고 러시아어로 말해보세요.

1) 이건 러시아어로 어떻게 말해요?

_____

2) 재킷은 무슨 색깔인가요?

_____

3) 재킷은 빨간색이에요.

_____

4) 너 뭐해?

_____

3. 명사에 맞는 형용사와 동사를 괄호 안에서 고르세요.

1) Маши́на (кра́сный, кра́сная, кра́сное, кра́сные).

2) (До́брый, До́брая, До́брое, До́брые) у́тро!

3) Они́ (ру́сский, ру́сская, ру́сское, ру́сские)

4) Она́ (ду́мал, ду́мала, ду́мало, ду́мали)

5) Зонт (жёлтый, жёлтая, жёлтое, жёлтые)

정답

1. 1) 나는(남자) 이게 가게라고 생각했어. 2) 나는 그것들을 자주 혼동해. 3) 알겠어. 4) 이건 전화가 아니라 시계야. 2. 1) Как э́то по-ру́сски? 2) Како́го цве́та ку́ртка? 3) Ку́ртка кра́сная. 4) Что ты де́лаешь? 3. 1) кра́сная 2) До́брое 3) ру́сские 4) ду́мала 5) жёлтый

생필품, 색깔

каранда́ш 연필〈남〉
까란다아쉬

письмо́ 편지〈중〉
삐스모오

туале́тная бума́га
뚜알리에뜨니야 부마이가
(화장실) 휴지〈여〉

зе́ркало 거울〈중〉
지에르깔라

полоте́нце 수건〈중〉
빨라찌엔쩨

зубна́я щётка 칫솔〈여〉
주부나아야 쒸오뜨까

зубна́я па́ста 치약〈여〉
주부나아야 빠아스따

но́жницы 가위〈복〉
노오쥐니쯔이

кни́га 끄니이가 책〈여〉

журна́л 쥐우르나알 잡지〈남〉

газе́та 가지에따 신문〈여〉

бума́га 부마이가 종이〈여〉

счёт 쒸오트 계산서, 계좌〈남〉

ру́чка 루우취까 볼펜〈여〉

визи́тка 비지이뜨까 명함〈여〉

салфе́тки 쌀삐에뜨끼 냅킨, 티슈〈복〉

нож 노쉬 칼〈남〉

мы́ло 므일라 비누〈중〉

шампу́нь 쉬암뿌운 샴푸〈남〉

расчёска 라쒸오스까 머리빗〈여〉

косме́тика 까스미에찌까 화장품〈여〉

духи́ 두히이 향수〈복〉

фен 피엔 드라이기〈남〉

● **색깔 형용사**

кра́сный 끄라아스느이 빨간색의

ора́нжевый 아라안쥐브이 주황색의

жёлтый 쥐올뜨이 노란색의

зелёный 질리오느이 초록색의

голубо́й 갈루보오이 하늘색의

си́ний 씨이니 파란색의

фиоле́товый 피알리에따브이 보라색의

чёрный 취오르느이 검정색의

бе́лый 비엘르이 하얀색의

се́рый 씨에르이 회색의

ро́зовый 로오자브이 분홍색의

кори́чневый 까리이취니브이 갈색의

бе́жевый 비에쥐브이 베이지색의

све́тло-зелёный 스비에뜰라 질리오느이 연두색의

러시아 엿보기

루우스끼(ру́сский)와 라씨이스끼(росси́йский) 그리고 라씨이아닌(россия́нин)

처음 러시아어를 공부하다 보면 '러시아의'라는 의미의 루우스끼(ру́сский)를 꼭 접하게 됩니다. 이 책에서도 3과에서 '러시아인'이라는 뜻으로 나왔었죠. 어떤 게 더 있는지 예를 들어볼까요?

ру́сский язы́к 루우스끼 이즈익 러시아어

ру́сская му́зыка 루우스까야 무우즈이까 러시아 음악

ру́сское кино́ 루우스까예 끼노오 러시아 영화

그런데 '러시아의'를 의미하는 단어는 하나 더 있습니다. 바로 라씨이스끼(росси́йский)죠. 어째서 같은 의미의 단어가 2개씩 있을까요? 아니면 둘은 어떤 차이가 있는 걸까요? 답은 후자가 '러시아'를 의미하는 라씨이야(Росси́я)에서 나왔다는 데 있습니다. 즉, 러시아라는 국가의 의미가 포함되면 루우스끼가 아닌 라씨이스끼를 써야 합니다. 예를 들어볼게요.

росси́йский флаг 라씨이스끼 플락 러시아 깃발, 국기

росси́йская кома́нда 라씨이스까야 까마안다 러시아 팀

росси́йское посо́льство 라씨이스까예 빠쏘올스뜨바 러시아 대사관

그러면 루우스끼의 기원은 어디일까요? 지금의 러시아의 시초가 되는 키예프 루시(Русь)입니다. 그래서 이 단어는 지금의 러시아라는 국가의 개념에 한정되지 않고 러시아 문화, 민족을 나타내는 의미로 널리 쓰이고 있습니다. 그러므로 3과에서 배운 '러시아인' 루우스끼는 정확하게는 러시아 민족의 사람을 의미합니다.

그렇다면 민족이 아닌 순수하게 러시아 국적을 나타내는 단어도 있을 거라고 유추할 수 있겠지요? 바로 라씨이아닌(россия́нин)입니다. 생김새를 보면 Росси́я에서 나왔다는 걸 쉽게 알 수 있습니다. 이 말은 러시아 국적을 가진 사람을 뜻합니다.

урок

05

Сегодня очень холодно.
오늘은 정말 추워.

기본회화

Дарья : **Сегодня óчень хóлодно.**
씨보오드냐 오오췬 호올라드나

Тэмин : **Да, ужé зимá.**
다 우쥐에 지마아

А в Россúи всегдá хóлодно?
아 브 라씨이 프씨그다아 호올라드나

Дарья : **Нет, не всегдá.**
니엣 니 프씨그다아

Конéчно гдé-то всегдá хóлодно.
까니에쉬나 그지에따 프씨그다아 호올라드나

Но обы́чно зимóй хóлодно, а лéтом жáрко.
노 아브이취나 지모오이 호올라드나 아 리에땀 쥐아르까

Иногдá идёт дождь. Зимóй чáсто идёт снег.
이나그다아 이지오트 도오쉬쯔 지모오이 취아스따 이지오트 스니엑

Тэмин : **Да? Я не знал.**
다 야 니 즈날

해석

다리야: 오늘 정말 춥다.
태민: 그래, 벌써 겨울이야.
　　　그런데 러시아는 항상 춥지?
다리야: 아니, 항상 추운 건 아니야.
　　　물론 어딘가는 항상 춥지.
　　　하지만 보통 겨울에 춥고, 여름에는 더워.
　　　가끔은 비가 내려. 겨울에는 자주 눈이 와.
태민: 그래? 몰랐어.

기본회화 해설

1. Сего́дня о́чень хо́лодно. 오늘 정말 춥다.

хо́лодно[호올라드나]와 жа́рко[쥐아르까]는 원래 부사로, 각각 '춥게' '덥게'라는 뜻이지만, 주어가 없는 무인칭문에서 '춥다', '덥다'의 서술어로 쓰입니다. '좋다'라는 의미의 хорошо́[하라쉬오]나 '반갑다'라는 뜻의 прия́тно[쁘리이아뜨나]도 서술어로 쓰였는데, 둘 다 원래는 부사로 '좋게', '반갑게'라는 뜻을 가지고 있습니다. 이런 부사들은 무인칭문에서도 쓰이지만 э́то나 всё를 주어로 쓸 수도 있습니다.

Всё хорошо́. 프씨오 하라쉬오 모든 게 좋다.

Э́то о́чень хорошо́. 에에따 오오췬 하라쉬오 이건 아주 좋다.

2. в Росси́и 러시아에서

'러시아'라는 의미의 명사 Росси́я는 в를 만나서 맨 끝 자음이 바뀌어 в Росси́и가 되었고, '러시아에서'라는 부사구가 되었습니다. 바뀐 Росси́и의 형태를 전치격이라고 하는데 자세한 내용은 11과 문법(108쪽)을 참고하고, 여기서는 в Росси́и를 하나의 부사처럼 기억해 두세요.

3. Иногда́ идёт дождь. 가끔은 비가 내린다.

비나 눈이 내릴 때는 идёт라는 표현을 씁니다. 이 단어의 원형은 идти́[잇찌이]라는 동사로 원래는 한쪽으로 이동한다는 뜻입니다. 비가 오면 идёт дождь[이지오트 도오쉬쯔], 눈이 오면 идёт снег[이지오트 스니에크]라고 합니다. идти́라는 동사는 쓰임이 많아 앞으로도 종종 보게 될 테니, 꼭 기억해 두세요!

새로 나온 단어

сего́дня 씨보오드냐 오늘
хо́лодно 호올라드나 춥게, 춥다
уже́ 우쥐에 벌써
зима́ 지마아 겨울〈여〉
в Росси́и 브 라씨이 러시아에서 (Росси́я 러시아)
всегда́ 프씨그다아 항상
коне́чно 까니에쉬나 물론
где́-то 그지에따 어딘가에서
но 노 하지만
обы́чно 아브이취나 보통
зимо́й 지모오이 겨울에
ле́том 리에땀 여름에
жа́рко 쥐아르까 덥게, 덥다
иногда́ 이나그다아 가끔
идёт 이지오트 (비, 눈이) 내린다 (원형 идти́)〈불완〉
дождь 도오쉬쯔 비〈남〉
ча́сто 취아스따 자주
снег 스니엑 눈(snow)〈남〉
не знал 니 즈날 (남성 주어) 몰랐다 (원형 знать)〈불완〉

주요표현

Tip

날씨를 의미하는 단어인 погóда가 여성명사이기 때문에 '어떤'이라는 형용사 какóй, какáя, какóе, какие 중에서 여성형태인 какáя가 왔고, 의문사라 문장의 맨 앞에 왔습니다.

Tip

봄 веснá[비스나아]
여름 лéто[리에따]
가을 óсень[오오씬]
겨울 зимá[지마아]
봄에 веснóй[비스노오이]
여름에 лéтом[리에땀]
가을에 óсенью[오오씨뉴]
겨울에 зимóй[지모오이]

Tip

한국을 의미하는 Корéя가 전치사 в 다음에 오면서 '한국에서'라는 의미의 в Корéе가 되었습니다.(11과 참고) 기본문장에 나왔던 в Росси́и처럼 우선은 하나의 부사처럼 기억해 두세요.

Кака́я сего́дня пого́да?
까까아야 씨보오드냐 빠고오다
오늘 날씨 어때?

Сего́дня я́сно.
씨보오드냐   이아스나
오늘은 날씨가 맑다.

Сего́дня па́смурно.
씨보오드냐   빠아스무르나
오늘은 날씨가 흐리다.

Сейча́с зима́.
씨취아스   지마아
지금은 겨울이다.

Зимо́й хо́лодно.
지모오이 호올라드나
겨울에는 춥다.

Ско́ро весна́.
스꼬오라 비스나아
곧 봄이다.

Весно́й тепло́.
비스노오이 찌쁠로오
봄에는 따뜻하다.

Пото́м ле́то.
빠또옴   리에따
그 다음은 여름이다.

Ле́том жа́рко.
리에땀   쥐아르까
여름에는 덥다.

В Коре́е ле́том ду́шно.
프 까리에예 리에땀   두우쉬나
한국은 여름에 무덥다.

Потóм óсень.

빠또옴   오오씬

그 다음은 가을이다.

Óсенью прохлáдно.

오오씨뉴   쁘라흘라아드나

가을에는 선선하다.

Я люблю́ óсень.

이아 류블리우 오오씬

나는 가을을 좋아한다.

Вы тóже лю́бите óсень?

브이 또오쥐에 리우비쩨 오오씬

당신도 가을을 좋아하나요?

Я люблю́ лéто.

이아 류블리우 리에따

저는 여름을 좋아해요.

А я люблю́ зи́му.

아 이아 류블리우 지이무

그런데 저는 겨울을 좋아해요.

Потому́ что я люблю́ снег.

빠따무우   쉬따 야 류블리우   스니엑

왜냐하면 저는 눈을 좋아하거든요.

주요표현 단어

кака́я 까까아야 어떤 (како́й의 여성 형태)	**в Коре́е** 프 까리에에 한국에서 (Коре́я 한국)
пого́да 빠고오다 날씨⟨여⟩	**ду́шно** 두우쉬나 무덥게, 무덥다
я́сно 이아스나 맑게, 맑다	**о́сень** 오오씬 가을⟨여⟩
па́смурно 빠아스무르나 흐리게, 흐리다	**о́сенью** 오오씨뉴 가을에
ско́ро 스꼬오라 곧	**прохла́дно** 쁘라흘라아드나 선선하게, 선선하다
весна́ 비스나아 봄⟨여⟩	**я люблю́** 야 류블리우 나는 좋아한다 (원형 люби́ть)⟨불완⟩
весно́й 비스노오이 봄에	**вы лю́бите** 브이 리우비쩨 당신은 좋아하나요
тепло́ 찌쁠로오 따뜻하게, 따뜻하다	(원형 люби́ть)⟨불완⟩
пото́м 빠또옴 그 뒤, 그 다음	**зи́му** 지이무 겨울을 (зима́의 대격)
ле́то 리에따 여름⟨중⟩	**потому́ что** 빠따무우 쉬따 왜냐하면 (두 단어 합쳐 강세 1개)

(왼쪽 여백 Tip 영역)

Tip

내가 좋아한다는 표현은 я люблю́이고, 당신이 좋아하느냐고 물어볼 때는 вы лю́бите 를 씁니다. 지금까지의 동사들과 조금 다르게 변화하는 동사 люби́ть는 문법에서 다룰게요.

Tip

무생물 명사의 대격(직접 목적어)은 여성 단수를 제외하고 변화가 없습니다. 여성은 끝의 -а 를 -у로 바꿔줍니다. зима́는 대격이 되면서 강세가 앞으로 이동해서 зи́му가 되었습니다. 이런 식의 강세 이동은 번거롭지만 나올 때마다 외워두세요.

문법이야기

좋아한다는 의미를 지닌 동사 люби́ть

이번 과에서는 지금까지와는 조금 다르게 변하는 동사가 등장했습니다. 맨 처음 배웠던 рабо́тать와 비교해서 살펴볼까요?

рабо́тать 라보오따쯔 일하다	люби́ть 류비이쯔 사랑하다, 좋아하다
я рабо́таю 라보오따유	я люблю́ 류블리우
ты рабо́таешь 라보오따이쉬	ты лю́бишь 리우비쉬
он(а) рабо́тает 라보오따이트	он(а) лю́бит 리우비트
мы рабо́таем 라보오따임	мы лю́бим 리우빔
вы рабо́таете 라보오따이쩨	вы лю́бите 리우비쩨
они́ рабо́тают 라보오따유트	они́ лю́бят 리우비트

рабо́тать는 맨 끝의 ть만 빼 주었는데, люби́ть 동사는 글자 하나를 더 추가해서 맨 끝의 ить를 빼줍니다. 그리고 주어가 я일 때의 어미는 ю가 아니라 лю이며, 주어가 ты부터 вы까지 e 대신에 и를 넣어 변화합니다. 주어가 они́일 때의 어미는 ят입니다.

이렇게 주어가 ты부터 вы일 때 и를 넣어 변화하고, 주어가 они́일 때 ят이 되는 동사를 2식 동사라고 하며, 2식 동사 중 어간(변하지 않는 부분)의 끝이 б, в, п, ф, м이면 주어가 я일 때 어간 끝에 л을 추가합니다. 또한, люби́ть 동사는 주어가 ты일 때부터 강세가 앞으로 이동하는데, 이러한 강세의 이동은 조금 번거롭지만 동사가 나올 때마다 철자의 일부라 생각하고 익혀 주세요.

명사의 사물 대격 (무생물, 식물 что)

	주격 (1격)	대격 (4격)
남성	снег 눈 / чай 차 / дождь 비	снег 눈을 / чай 차를 / дождь 비를
여성	зима́ 겨울 / пе́сня 노래 / о́сень 가을	зи́му 겨울을 / пе́сню 노래를 / о́сень 가을을
중성	ле́то 여름 / мо́ре 바다 / вре́мя 시간	ле́то 여름을 / мо́ре 바다를 / вре́мя 시간을
복수	часы́ 시계	часы́ 시계를

가만히 살펴보니 여성명사의 끝이 а나 я일 때만 у나 ю로 바꿔주면 됩니다. 나머지는 주격과 형태가 같네요. 3과에서 배웠던 대명사 대격을 활용해도 됩니다. 예를 들어볼게요.

Сейча́с зима́. 지금은 겨울이다. (겨울: 여성명사)

Я люблю́ её. 나는 그녀를(=겨울을, она́의 대격) 좋아한다.

연습문제

1. 다음 러시아어를 읽고 해석하세요.

1) Какáя сегóдня погóда? _____

2) Сейчáс зимá. _____

3) Зимóй хóлодно. _____

4) Зимóй чáсто идёт снег. _____

note

• сегóдня 오늘

• погóда 날씨

• сейчáс 지금

• чáсто 자주

2. 다음 한국어를 보고 러시아어로 말해 보세요.

1) 당신은 봄을 좋아하나요?

_____

2) 네, 저는 봄을 좋아해요.

_____

3) 아뇨, 저는 가을을 좋아해요.

_____

4) 저는 겨울을 좋아해요, 왜냐하면 눈을 좋아하거든요.

_____

5) 오늘은 비가 와요.

_____

• 당신은 좋아한다

  вы лю́бите

• 나는 좋아한다

  я люблю́

• 왜냐하면 потому́ что

• 비 дождь(남)

3. 주어진 단어를 대격으로 바꾸세요.

1) óсень _____

2) лéто _____

3) веснá _____

4) зимá _____

5) чай _____

• 명사 대격: 무생물, 식물
  은 형태변화 없음. 여성
  단수만 형태변화(а→у,
  я→ю)

정답

1. 1) 오늘 날씨 어때요?   2) 지금은 겨울이다.   3) 겨울에는 춥다 .   4) 겨울에 자주 눈이 내린다.

2. 1) Вы лю́бите весну́?   2) Да, я люблю́ весну́.   3) Нет, я люблю́ óсень.   4) Я люблю́ зи́му, потому́
что люблю́ снег.   5) Сегóдня идёт дождь.   3. 1) óсень   2) лéто   3) весну́   4) зи́му   5) чай

주제별 단어

날씨 · 하루의 때 · 계절

у́тро 아침⟨중⟩
우우뜨라

день 낮⟨남⟩
지엔

ве́чер 저녁⟨남⟩
비에취르

ночь 밤⟨여⟩
노오취

пого́да 빠고오다 날씨⟨여⟩

прогно́з пого́ды 쁘라그노오스 빠고오드이 일기예보⟨남⟩

температу́ра 찜뻬라뚜우라 기온⟨여⟩

ве́тер 비에찌르 바람⟨남⟩

снег 스니엑 눈⟨남⟩

дождь 도오쉬쯔 비⟨남⟩

тума́н 뚜마안 안개⟨남⟩

ли́вень 리이빈 폭우⟨남⟩

коро́ткий ли́вень 까로오뜨끼 리이빈 소나기⟨남⟩

роса́ 라싸아 이슬⟨여⟩

наводне́ние 나바드니에니예 홍수⟨중⟩

о́ползень 오오빨진 산사태⟨남⟩

мо́лния 모올니야 번개⟨여⟩

гром 그롬 천둥⟨남⟩

тайфу́н 따이푸운 태풍⟨남⟩

град 그라트 우박⟨남⟩

бу́ря 부우랴 폭풍우⟨여⟩

смерч 스미에르취 회오리바람⟨남⟩

я́сно 이아스나 맑다

па́смурно 빠아스무르나 흐리다

хо́лодно 호올라드나 춥다

жа́рко 쥐아르까 덥다

прохла́дно 쁘라흘라아드나 시원하다

тепло́ 찜쁠로오 따뜻하다

су́хо 쑤우하 건조하다

сы́ро 쓰이라 습하다

ду́шно 두우쉬나 무덥다

ду́ет ве́тер 두우이트 비에찌르 바람이 분다

идёт снег 이지오트 스니엑 눈이 내린다

идёт дождь 이지오트 도오쉬쯔 비가 내린다

у́тром 우우뜨람 아침에

днём 드니옴 낮에

ве́чером 비에취람 저녁에

но́чью 노오취유 밤에

весна́ 비스나아 봄⟨여⟩

весно́й 비스노오이 봄에

ле́то 리에따 여름⟨중⟩

ле́том 리에땀 여름에

о́сень 오오씬 가을⟨여⟩

о́сенью 오오씨뉴 가을에

зима́ 지마아 겨울⟨여⟩

зимо́й 지모오이 겨울에

러시아의 기후와 지형

러시아는 세계에서 가장 큰 영토를 가진 나라입니다. 지구 육지 면적의 1/8이고 대한민국 영토의 약 170배나 되니 당연히 기후도 아주 다양하지요. 흔히 러시아는 1년 내내 추울 거라고 생각하는 사람들도 있지만, 대부분의 지역에서 계절의 구분은 뚜렷한 편으로 겨울이 매우 길고, 여름은 짧은 대륙성 기후가 많습니다.

남부로 내려갈수록 기후가 따뜻해져서 남부 시베리아는 여름 기온이 30도에 이르기도 하고, 흑해 연안은 기후가 온화해서 휴양지의 역할을 하고 있습니다. 2014년 동계 올림픽이 열렸던 소치도 대표적인 휴양지입니다.

러시아는 광활하지만 대부분은 평원이며, 우랄산맥을 경계로 크게 유럽 지역과 아시아 지역으로 나뉩니다. 이 우랄산맥도 그리 높지 않은 편으로 평균 높이가 500미터를 넘지 않습니다. 북부의 툰드라는 일년 내내 영하권이므로 이끼 밖에 자라지 못하지만, 남부 초원 지대의 흑토는 아주 비옥해서 밀농사가 많이 이루어지고 있습니다.

또한 러시아는 강이 많은 편인데, 그 중에서도 시베리아의 강들은 수량이 풍부하고 낙차가 커서 수력발전소가 곳곳에 세워져 있습니다.

호수로는 세계에서 가장 깊은 바이칼 호수(수심 1600미터)가 가장 유명한데, 바이칼 호수의 서쪽에 위치한 도시 이르쿠츠크는 동시베리아의 중심지입니다. 시베리아 횡단열차가 이르쿠츠크와 바이칼 호수를 지나가니 여행을 가신다면 꼭 들려보시길 권합니다.

Урок 06

Сегодня пятница.
오늘은 금요일이야.

기본회화

Артём : **Приве́т, Со́ня! Как дела́?**
쁘리비에트   쏘오냐   깍   질라

Соня : **Я о́чень уста́ла. У меня́ о́чень мно́го рабо́ты.**
야 오오췬   우스따알라   우 미니아   오오췬   므노오가   라보오뜨이

Артём : **Очень жаль. Я то́же уста́л.**
오오췬   쥐알   야 또오쥐에 우스따알

Но сего́дня пя́тница.
노   씨보오드냐   삐아뜨니짜

Зна́чит, ско́ро выходны́е дни.
즈나아취트   스꼬오라   브이하드느이예   드니

Соня : **Ура́! За́втра суббо́та.**
우라아   자아프뜨라   쑤보오따

Я бу́ду спать це́лый день.
야 부우두   스빠아쯔   쩨엘르이   지엔

> Очень жаль. Я то́же уста́л.
> Но сего́дня пя́тница.
> Зна́чит, ско́ро выходны́е дни.

> Ура́! За́втра суббо́та.
> Я бу́ду спать це́лый день.

해석

아르툠: 안녕, 소냐! 어떻게 지내?
소냐: 난 정말 피곤해. 나 일이 정말 많아.
아르툠: 정말 안 됐다. 나도 피곤해.
      하지만 오늘은 금요일이야.
      즉, 곧 주말이라는 말이지
소냐: 만세! 내일은 토요일이야.
      나는 하루 종일 잘 거야.

1. Я óчень устáл. 나는 정말 피곤해.

'피곤하다'를 러시아어로는 '지쳤다'로 표현합니다. 그래서 현재가 아닌 과거로 표현하는데, '지치다'라는 의미를 가진 동사 устáть[우스따아찌]를 과거형으로 써주면 됩니다. 4과에서 배웠듯 맨 끝의 ть를 빼고 주어가 남성이면 л, 여성이면 ла, 중성이면 ло, 복수이면 ли를 써주면 됩니다. 주어가 я일 때는 내가 남자면 устáл[우스따알], 내가 여자면 устáла[우스따알라]로 표현하면 됩니다.

2. У меня́ óчень мнóго рабóты. 나는 일이 정말 많아.

내가 무언가를 소유하거나, 나한테 어떤 일정이 있을 때 у меня́[우 미니아]라는 표현을 씁니다. 안부를 묻는 표현에서 у тебя́[우 찌비아], у вас[우 바스]가 나왔었죠. у 뒤에 나오는 형태를 생격(14과 참고)이라고 하는데, 정말 많이 쓰이니 붙여서 익혀 두세요.

я 야	나는	у меня́ 우 미니아	나에게
ты 뜨이	너는	у тебя́ 우 찌비아	너에게
он 온	그는, 그것은〈남〉	у негó 우 니보오	그에게, 그것에게
она́ 아나아	그녀는, 그것은〈여〉	у неё 우 니이오	그녀에게, 그것에게
онó 아노오	그것은〈중〉	у негó 우 니보오	그것에게
мы 므이	우리는	у нас 우 나스	우리에게
вы 브이	당신(들)은	у вас 우 바스	당신(들)에게
они́ 아니이	그들은, 그것들은	у них 우 니흐	그들에게, 그것들에게

рабóта는 '일, 업무'라는 뜻인데, 일이 많을 때도 생격이라는 형태를 씁니다. 우선은 '일이 많다'는 표현을 мнóго рабóты[므노오가 라보오뜨이]로 기억해 두세요.

새로 나온 단어

устáть 우스따아쯔 지치다〈완〉
мнóго 므노오가 많다 (+생격) (14과 참고)
рабóта 라보오따 일〈여〉
мнóго рабóты 므노오거 라보오뜨이 일이 많다
жаль 쥐알 유감이다, 안 됐다
пя́тница 삐야뜨니짜 금요일〈여〉
знáчит 즈나아췉 즉, 의미한다 (원형 знáчить)〈불완〉
скóро 스꼬오라 곧

выходнóй день 브이하드노이 젠 휴일〈남〉
выходны́е дни 브이하드느이예 드니 휴일들, 주말〈복〉
урá 우라아 만세
зáвтра 자아프뜨라 내일
суббóта 수보오따 토요일〈여〉
я бу́ду 야 부우두 나는 ~할 것이다
спать 스빠아쯔 잠을 자다〈불완〉
це́лый день 쩨엘르이 지엔 하루 종일

주요표현

Tip

요일을 день неде́ли라고 합니다. неде́ли는 '일주일'이라는 뜻의 неде́ля의 생격인데 이 형태는 14과에서 다룰게요. 우선 요일을 день неде́ли로 외워 두고, день이 남성명사이므로 како́й로 물어본다는 정도까지만 이해하시면 됩니다.

Tip

'월요일에'라는 시간 표현을 할 때는 전치사 в를 쓰고 요일을 대격(58쪽)으로 바꿉니다. 문법 이야기에서 자세히 다룰게요.

Tip

'화요일에'라는 표현 앞에서 전치사 в는 в를 포함한 자음이 겹치는 것을 피하기 위해 во를 썼습니다. 전치사는 강세가 없으므로 во의 о는 [아]로 발음됩니다. на рабо́те는 '직장에, 근무 중에'라는 뜻입니다. я бу́ду가 다른 동사 없이 장소 표현과 같이 쓰이면 그 장소에 있을 것이라는 뜻이 됩니다.

Како́й сего́дня день неде́ли?
까꼬오이 씨보오드냐 지엔 니지옐리
오늘은 무슨 요일인가요?

Сего́дня понеде́льник.
씨보오드냐 빠니지엘닉
오늘은 월요일이에요.

В понеде́льник я рабо́таю.
프 빠니지엘닉 이아 라보오따유
월요일에 저는 일을 합니다.

За́втра вто́рник.
자아프뜨라 프또오르닉
내일은 화요일이죠.

Во вто́рник я бу́ду на рабо́те.
바 프또오르닉 야 부우두 나 라보오쩨
화요일에 저는 직장에 있을 거예요.

По́слеза́втра среда́.
뽀오슬리자아프뜨라 스리다아
모레는 수요일입니다.

И в сре́ду я бу́ду рабо́тать.
이 프 스리에두 야 부우두 라보오따쯔
수요일에도 저는 일을 할 거예요.

Пото́м четве́рг.
빠또옴 취뜨비에륵
그 다음은 목요일입니다.

В четве́рг у меня́ мно́го рабо́ты.
프 취뜨비에륵 우 미니아 므노오가 라보오뜨이
목요일에 저에겐 일이 많아요.

К сча́стью, пото́м пя́тница.
끄 쒸아스찌유 빠또옴 삐아뜨니짜
다행히 그 다음은 금요일이에요.

Tip

у меня́ 뒤에 '형용사 + 명사'
를 쓰면, '나는 명사가 형용사하
다'로 해석을 하면 됩니다. '기
분'이라는 뜻의 настрое́ние
가 중성명사이므로, 이를 수식
하는 '좋은'이라는 뜻의 형용사
хоро́шее도 중성 형태입니다.
형용사의 형태에 대해서는 4과
문법을 참고해 주세요.

Tip

'나쁜'이라는 뜻의 형용사는
плохо́й, плоха́я, плохо́е,
плохи́е의 형태를 가지고 있고
강세는 뒤에 고정입니다.

В пя́тницу у меня́ хоро́шее настрое́ние.
프 뻬아뜨니쭈 우 미니아 하로오쉬예   나스뜨라이에니예
금요일에 저는 기분이 좋아요.

Потому́ что за́втра суббо́та.
빠따무우   쉬따 자아프뜨라 쑤보오따
왜냐하면 내일이 토요일이니까요.

В суббо́ту я отдыха́ю до́ма.
프 쑤보오뚜   야 앗드이하아유 도오마
토요일에 저는 집에서 쉬어요.

Пото́м воскресе́нье.
빠또옴   바스끄리씨에니예
그 다음은 일요일입니다.

В воскресе́нье у меня́ плохо́е настрое́ние.
브 바스끄리씨에니예 우 미니야   쁠라호오예 나스뜨라이에니예
일요일에 저는 기분이 안 좋아요.

Потому́ что за́втра понеде́льник.
빠따무우   쉬따 자아프뜨라 빠니지엘닉
왜냐하면 내일이 월요일이니까요.

주요표현 단어

день неде́ли 지엔 니지엘리 요일〈남〉	**по́слеза́втра** 뽀오슬리자아프뜨라
понеде́льник 빠니지엘닉 월요일〈남〉	내일 모레 (합성어라 강세 2개)
вто́рник 프또오르닉 화요일〈남〉	**к сча́стью** 끄 쒸아스찌유 다행히도
среда́ 스리다아 수요일〈여〉	**настрое́ние** 나스뜨라이에니예 기분〈중〉
четве́рг 취뜨비에륵 목요일〈남〉	**хоро́шее настрое́ние**
пя́тница 삐아뜨니짜 금요일〈여〉	하로오쉬예 나스뜨라이에니예 좋은 기분〈중〉
суббо́та 쑤보오따 토요일〈여〉	**плохо́е настрое́ние**
воскресе́нье 바스끄리씨에니예 일요일〈중〉	쁠라호오예 나스뜨라이에니예 나쁜 기분〈중〉
я бу́ду 야 부우두 나는 ~에 있을 것이다, 나는 ~할	**(я) отдыха́ю** 앗드이하아유
것이다 (원형 '있다' быть[브이쯔] 문법 참고)	(나는) 쉰다 (원형 '쉬다' отдыха́ть)〈불완〉
на рабо́те 나 라보오쩨 직장에, 업무 중에	**до́ма** 도오마 집에, 집에서
и 이 그리고, ~도 역시 (강조하고 싶은 단어 앞에서)	

문법이야기

요일의 표현

요일은 명사로서 쓰일 때와 시간을 표현할 때가 있습니다.

Сего́дня суббо́та. 씨보오드냐 쑤보오따 오늘은 토요일이다. (명사)

Когда́ ты отдыха́ешь? 끄그다아 뜨이 앗드이하아이쉬 너는 언제 쉬어?

Я отдыха́ю в суббо́ту. 이아 앗드이하아유 프 쑤보오뚜 나는 토요일에 쉬어. (시간 표현)

요일의 시간 표현은 '전치사 в+대격'을 사용합니다. 대격 만드는 법은 5과를 참고하세요.

월요일	понеде́льник 빠니지엘닉	월요일에	в понеде́льник 프 빠니지엘닉
화요일	вто́рник 프또오르닉	화요일에	во вто́рник 바 프또오르닉
수요일	среда́ 스리다아	수요일에	в сре́ду 프 스리에두
목요일	четве́рг 취뜨비에륵	목요일에	в четве́рг 프 취뜨비에륵
금요일	пя́тница 삐아뜨니짜	금요일에	в пя́тницу 프 삐아뜨니쭈
토요일	суббо́та 쑤보오따	토요일에	в суббо́ту 프 쑤보오뚜
일요일	воскресе́нье 바스끄리씨에니예	일요일에	в воскресе́нье 브 바스끄리씨에니예

※전치사 в는 화요일 вто́рник 앞에서 во로 바뀝니다. 여성명사인 수요일, 금요일, 토요일은 끝의 а가 у로 바뀝니다. 수요일은 대격이 되면서 강세가 앞으로 이동하면서 모음 е의 발음이 달라집니다.

동사의 미래 (불완료상)

быть라는 동사를 활용해서 미래를 표현하는 법을 익혀볼게요.

я бу́ду 이아 부두	спать 스빠아쯔 잘 것이다	(동사를)
ты бу́дешь 뜨이 부우지쉬	рабо́тать 라보오따쯔 일할 것이다	할 것이다
он бу́дет 온 부우지트	отдыха́ть 앗드이하아쯔 쉴 것이다	
мы бу́дем 므이 부우짐	до́ма 도오마 집에 있을 것이다	(장소에)
вы бу́дете 브이 부우지쩨	на рабо́те 나 라보오쩨 직장에 있을 것이다	있을 것이다
они́ бу́дут 아니이 부우두트	в Коре́е 프 까리에예 한국에 있을 것이다	

주어가 я일 때를 예를 들어보면, я бу́ду 뒤에는 동사원형이 오거나 장소가 올 수 있는데, 동사가 오면 '동사할 것이다', 장소가 오면 '그 장소에 있을 것이다'라는 뜻입니다.

я бу́ду 뒤에 모든 동사가 다 올 수 있는 것은 아니고 불완료상이라고 하는 동사만 올 수 있습니다. 현재시제가 있는 동사는 전부 불완료상입니다. 부록2 찾아보기를 보면 동사 옆에 〈불완〉이라고 써 있으면 불완료상이고, 〈완〉이라고 써 있으면 완료상입니다. 완료상 동사는 자체 미래를 갖는데, 그건 다음 과에서 다룰게요.

연습문제

1. 다음 러시아어를 읽고 해석하세요.

1) Какóй сегóдня день недéли? _____

2) Сегóдня пя́тница. _____

3) Послезáвтра воскресéнье. _____

4) Потóм понедéльник. _____

5) Óчень жаль. _____

2. 다음 한국어를 보고 러시아어로 말해 보세요.

1) 화요일에 나한테 일이 많아.

_____

2) 오늘 나는 정말 피곤해.

_____

3) 월요일에 나는 일을 할 거야.

_____

4) 금요일에 나는 기분이 좋아. (나한테 좋은 기분)

_____

5) 일요일에 나는 기분 안 좋아. (나한테 나쁜 기분)

_____

3. 주어에 맞게 동사 **быть**를 변화시켜 미래로 만드세요.

1) Я _____ спать.   2) Он _____ рабóтать.

3) Мы _____ дóма.   4) Онá _____ отдыхáть.

5) Онú _____ на рабóте.

정답

1. 1) 오늘 무슨 요일인가요?   2) 오늘은 금요일입니다.   3) 내일 모레는 일요일입니다.   4) 그 다음은 월요일
입니다.   5) 정말 안됐네요.   2. 1) Во втóрник у меня́ мнóго рабóты.   2) Сегóдня я óчень устáл(а).
3) В понедéльник я бýду рабóтать.   4) В пя́тницу у меня́ хорóшее настроéние.   5) В воскресéнье у
меня́ плохóе настроéние.   3. 1) бýду   2) бýдет   3) бýдем   4) бýдет   5) бýдут

주제별 단어

요일 · 월 · 때

ме́сяц 미에시쯔 달, 월〈남〉

янва́рь 인비아르 1월〈남〉

февра́ль 피브라알 2월〈남〉

март 마아르트 3월〈남〉

апре́ль 아쁘리엘 4월〈남〉

май 마아이 5월〈남〉

ию́нь 이이운 6월〈남〉

ию́ль 이이울 7월〈남〉

а́вгуст 아브구스트 8월〈남〉

сентя́брь 씬찌아브르 9월〈남〉

октя́брь 악찌아브르 10월〈남〉

ноя́брь 나이아브르 11월〈남〉

дека́брь 지까아브르 12월〈남〉

неде́ля 니지엘랴 일주일〈여〉

день неде́ли 지엔 니지엘리 요일〈남〉

понеде́льник 빠니지엘닉 월요일〈남〉

вто́рник 프또오르닉 화요일〈남〉

среда́ 스리다아 수요일〈여〉

четве́рг 취뜨비에륵 목요일〈남〉

пя́тница 삐아드니짜 금요일〈여〉

суббо́та 쑤보오따 토요일〈여〉

воскресе́нье 바스끄리씨에니예 일요일〈중〉

сего́дня 씨보오드냐 오늘

за́втра 자아프뜨라 내일

вчера́ 프취라아 어제

позавчера́ 빠자프취라아 그저께

по́слеза́втра 뽀오슬리자아프뜨라 모레

러시아 옛보기

러시아의 다차

대부분의 러시아인들은 도시에 위치한 본인의 집 이외에 도시 근교에 위치한 '다차(дáча)'라는 집을 가지고 있습니다. 우리 말로는 '별장'이라고 번역되지만, 사실 대부분은 작은 텃밭이 딸린 소박한 목조가옥의 형태로 '주말농장'에 좀더 가까운 형태입니다.

러시아인들은 주말이나 휴가 때 다차에서 시간을 보내며 휴식을 취하기도 하고, 다차에 딸린 텃밭에서 과일과 채소를 직접 재배하기도 합니다. 잠깐씩 다녀가기도 하지만, 여름이나 겨울에 장기간 거주하는 '다차 시즌'이 있을 정도로, 러시아인들의 생활에서 차지하는 비중이 꽤나 큽니다.

다차는 '주다'라는 뜻의 дать[다쯔]에서 기원한 단어로, 18세기 초 표트르 대제가 국가에 공을 세운 귀족들에게 하사한 도시 근교의 영지와 그에 딸린 건물을 의미하는 말이었다고 합니다. 그때의 다차는 상당히 호화로운 별장의 형태였고, 그 뒤에도 한동안 귀족들의 전유물로 여겨지며, 별장으로서의 지위를 가지고 있었습니다.

다차가 지금처럼 대중적으로 퍼지게 된 건 1970년대 소비에트 정부가 다차의 무상분배를 본격적으로 진행한 이후부터입니다. 물론, 그 당시에는 휴식의 개념보다는 농장이나 일하는 공간으로서의 개념이 더 강했지만, 휴식도 겸하기는 했습니다. 대부분의 러시아인들

에게 다차는 자연 속 휴식 공간과 주말농장의 역할을 하고 있답니다.

07 Сколько сейчас времени?
지금 몇 시예요?

기본회화

Надя : **Ско́лько сейча́с вре́мени?**
스꼬올까 씨취아스 브리에미니

Саша : **Сейча́с 4(четы́ре) часа́ 40(со́рок) мину́т.**
씨취아스 취뜨이례 취싸아 쏘오락 미누우트

Надя : **Да? Мне пора́ идти́ домо́й.**
다 므니에 빠라아 잇찌이 다모오이

Саша : **Уже́? Сего́дня же суббо́та, выходно́й день.**
우쥐에 씨보오드냐 쥐에 쑤보오따 브이하드노이 지엔

Надя : **У меня́ ве́чером свида́ние.**
우 미니아 비에취람 스비다아니예

Саша : **С кем?**
스 끼엠

Надя : **Секре́т. Пото́м скажу́. Пока́!**
씨끄리에트 빠또옴 스까쥐우 빠까아

Саша : **Пока́!**
빠까아

나댜: 지금 몇 시야?
사샤: 지금 4시 40분이야.
나댜: 그래? 나 집에 갈 때 됐어.
사샤: 벌써? 오늘 토요일이잖아, 쉬는 날.
나댜: 나 저녁에 데이트 있어.
사샤: 누구랑?
나댜: 비밀이야. 나중에 말해줄게. 잘 있어!
사샤: 잘 가!

> Сейча́с 4(четы́ре) часа́ 40(со́рок) мину́т.

> Да? Мне пора́ идти́ домо́й.

1. Скóлько сейчáс врéмени? 지금 몇 시야?

скóлько는 '몇, 얼마'를 의미하는 의문사이고 врéмени는 '시간'이라는 뜻의 врéмя가 생격으로 바뀐 형태입니다. 바뀐 이유는 정도를 나타내는 의문사 скóлько 때문인데, 정도를 표현할 때는 생격을 쓰기 때문입니다. 6과에서 나온 мнóго рабóты와 비슷한 경우입니다. (명사 생격 14과 134쪽 참고)

2. Сейчáс 4(четы́ре) часá 40(сóрок) минýт. 지금은 4시 40분입니다.

숫자와 명사가 결합할 때는 맨 끝에 오는 숫자에 따라 명사의 형태가 바뀌는데, 조금 복잡하므로, 초반에는 숫자와 많이 쓰이는 명사를 3그룹으로 외워두는 게 좋습니다.

1시는 оди́н час[아진 취아스]라고 하는데 1이 생략되어 그냥 час라고 종종 합니다.

2시~4시는 часá[취싸아]를 써서 각각 два часá, три часá, четы́ре часá가 됩니다.

5시 이상은 часóв[취쏘오프]가 와서 5시는 пять часóв가 됩니다.

1분은 однá минýта[아드나아 미누우따]라고 하는데 1이 생략되어 그냥 минýта라고 종종 합니다.

2분~4분은 минýты[미누우뜨이]를 써서 각각 две минýты, три минýты, четы́ре минýты가 됩니다.

5분 이상은 минýт[미누우트]가 와서 5분은 пять минýт이 됩니다.

숫자 1과 2는 성별이 있어 1은 оди́н〈남〉, однá〈여〉, однó〈중〉, 2는 два〈남, 중〉, две〈여〉입니다.
　　　　　　　　　　 [아지인]　　　[아드나아]　　[아드노오]　　　　[드바]　　　[드비에]

※숫자는 76쪽 주제별 단어를 참고해 주세요.

3. Мне порá идти́ домóй. 내가 집에 갈 때이다.

порá 뒤에 동사원형이 오면, '동사를 할 때'라는 뜻입니다. идти́[잇찌이]가 '가다'라는 뜻이므로 порá идти́는 '갈 때'라는 뜻이며, '집으로'라는 의미의 домóй까지 결합되면 '집에 갈 때'라는 말이 됩니다. 그리고 맨 앞의 мне는 동사원형의 의미상의 주어 역할을 하는 여격(8과 참고)입니다.

새로 나온 단어

скóлько врéмени 스꼬올까 브리에미니 몇 시, 몇 시간
четы́ре 취뜨이레 숫자 4
час (часá / часóв) 취아스 (취싸아/취쏘오프) 시, 시간〈남〉
сóрок 쏘오락 숫자 40
минýта (минýты / минýт)
미누우따 (미누우뜨이/미누우트) 분〈여〉
мне порá 므니에 빠라아 나는 ~할 때이다

домóй 다모오이 집으로
же 쥐에 사실 ~잖아(강조)
свидáние 스비다아니예 데이트, 만남〈중〉
с кем 스 끼엠 누구랑
секрéт 씨끄리에트 비밀〈남〉
сказáть 스까자아쯔 말하다〈완〉
(я) скажý (야) 스까쥐우 (나는) 말할 것이다

Кото́рый час?
까또오르이   취아스

몇 시예요?

Сейча́с 2(два) часа́ 5(пять) мину́т.
씨취아스   드바   취싸아 뻬아쯔   미누우트

지금은 2시 5분입니다.

Сейча́с 4(четы́ре) часа́ 20(два́дцать) мину́т.
씨취아스   취뜨이례   취싸아 드바아짜쯔   미누우트

지금은 4시 20분이에요.

Сейча́с 5(пять) часо́в утра́.
씨취아스   뻬아쯔   취쏘오프 우뜨라아

지금은 새벽 5시입니다.

Сейча́с 8(во́семь) часо́в ве́чера.
씨취아스   보오씸   취쏘오프 비에취라

지금은 저녁 8시입니다.

Сейча́с 20(два́дцать) часо́в 40(со́рок) мину́т.
씨취아스   드바아짜쯔   취쏘오프 쏘오락   미누우트

지금은 20시(저녁 8시) 40분입니다.

Сейча́с час но́чи.
씨취아스   취아스 노오취이

지금은 새벽 1시야.

Сейча́с 3(три) часа́ дня.
씨취아스   뜨리   취싸아 드니아

지금은 낮 3시예요.

Ско́лько сейча́с вре́мени?
스꼬올까   씨취아스   브리에미니

지금 몇 시예요?

9(де́вять) часо́в 10(де́сять) мину́т.
지에비쯔   취쏘오프 지에씨쯔   미누우트

9시 10분이에요.

Tip

11은 맨 끝이 1이지만, 러시아어로 оди́н이 맨 끝이 아니므로 час가 올 수 없습니다.

Tip

'언제'라는 질문에 답하는 '몇 시에'라고 하는 표현은 앞에 전치사 в를 넣어줍니다. 무성자음 앞에서 [프]로 발음됩니다.

Tip

'일어나다'라는 뜻을 가진 동사 встава́ть는 주어에 따라 변화할 때 ва가 빠지고, 강세가 뒤로 이동하여 ты부터 вы까지 ё변화를 합니다. (я встаю́, ты встаёшь, он встаёт, мы встаём, вы встаёте, они встаю́т)

Tip

спать는 잠자는 상태를 표현하는데, 이 문장은 잠자러 눕는 시간을 물어보고 있으므로 앞에 '눕다'라는 동사인 ложи́ться를 써줍니다. (я ложу́сь, ты ложи́шься, он ложи́тся, мы ложи́мся, вы ложи́тесь, они ложа́тся) 동사 뒤에 붙는 ся는 모음 뒤에서 сь로 바뀝니다.

11(оди́ннадцать) часо́в по моско́вскому вре́мени.

아지인나짜쯔 취쏘오프 빠 마스꼬오프스까무 브리에미니

모스크바 시간으로 11시예요.

Когда́ у нас семина́р?

까그다아 우 나스 씨미나아르

우리 세미나 언제 해?

Семина́р в 7(семь) часо́в 30(три́дцать) мину́т ве́чера.

씨미나아르 프 씨엠 취쏘오프 뜨리이짜쯔 미누우트 비에취라

세미나는 저녁 7시 30분이야.

Во ско́лько вы встаёте?

바 스꼬올까 브이 프스따이오쩨

당신은 몇 시에 일어나요?

Я обы́чно встаю́ в 6(шесть) часо́в утра́.

야 아브이취나 프스따이우 프 쉬에스쯔 취쏘오프 우뜨라아

저는 보통 아침 6시에 일어나요.

Во ско́лько вы ложи́тесь спать?

바 스꼬올까 브이 라쥐이찌스 스빠아쯔

당신은 몇 시에 자요?

Я ложу́сь спать в 12(двена́дцать) часо́в но́чи.

야 라쥐우스 스빠아쯔 브 드비나아짜쯔 취쏘오프 노오취이

저는 밤 12시에 자요.

---

word power 주요표현 단어

кото́рый час 까또오르이 취아스 몇 시야, 몇 시예요?

утра́, дня, ве́чера, но́чи
우뜨라아 드니아 비에취라 노오취
아침의, 낮의, 저녁의, 밤의

по моско́вскому вре́мени
빠 마스꼬오프스까무 브리에미니 모스크바 시간으로

у нас 우 나스 우리에게, 우리의 일정에(63쪽)

когда́ 까그다아 언제

семина́р 씨미나아르 세미나〈남〉

в 브(프) ~시에 ~분에 (+대격) (대격 무생물 58쪽)

во ско́лько 바 스꼬올까 몇 시에

встава́ть 프스따바아쯔 일어나다(불완)

ложи́ться спать 라쥐이짜 스빠아쯔 잠자리에 들다(불완)

*숫자는 주제별 단어 참고(76쪽)

동사의 미래 (완료상)

완료상 동사는 주어에 따라 변화만 시키면 바로 미래가 됩니다. 즉, 완료상은 현재시제가 없습니다. 본문에 나왔던 동사인 сказáть(말하다)를 예로 들어볼게요.

미래	과거
я скажý 야 스까쥐우 나는 말할 것이다	я сказáл(а) 야 스까자알(라) 나는 말했다
ты скáжешь 뜨이 스까아쥐쉬	ты сказáл(а) 뜨이 스까자알(라)
он(á) скáжет 온(아나아) 스까아쥐이트	он(á) сказáл(а) 온(아나아) 스까자알(라)
мы скáжем 므이 스까아쥐임	мы сказáли 므이 스까아잘리
вы скáжете 브이 스까아쥐이쩨	вы сказáли 브이 스까아잘리
они́ скáжут 아니이 스까아쥐우트	они́ сказáли 아니이 스까아잘리

현재시제로 표현하고 싶다면 같은 뜻을 가진 불완료상 동사를 쓰는 방법 밖에 없습니다. '말하다'라는 뜻의 불완료상은 говори́ть[가바리이쯔]입니다.(141쪽 Tip 참고) 그러니까 러시아어 동사를 보면 제일 먼저 완료상인지 불완료상인지 알아보고, 시제에 따라 주어에 따라 활용하세요. 참고로, 만약 주어가 кто일 때는 он이라고 가정해서 쓰시면 됩니다. (кто скáжет? 누가 말할까? кто сказáл 누가 말했어?)

동반의 뜻을 표현하는 'c + 대명사 조격'

전치사 c는 '~와 함께, ~와 더불어, ~를 가지고'라는 동반을 의미할 때, 뒤의 명사를 조격으로 씁니다. 명사의 조격은 9과를 참고하고 우선 대명사의 조격을 익혀볼게요.

주격(1격)	c 조격(5격)
кто 크또 누가	с кем 스 끼엠 누구와
я 야 나는	со мной 싸 므노오이 나와
ты 뜨이 너는	с тобóй 스 따보오이 너와
он 온 그는, 그것은⟨남⟩	с ним (им) 스 님 (임) 그와, 그것과
онá 아나아 그녀는, 그것은⟨여⟩	с ней (ей) 스 니에이 (이에이) 그녀와, 그것과
онó 아노오 그것은⟨중⟩	с ним (им) 스 님 (임) 그것과
мы 므이 우리는	с нáми 스 나아미 우리와
вы 브이 당신(들)은	с вáми 스 바아미 당신(들)과
они́ 아니이 그들은, 그것들은	с ни́ми (и́ми) 스 니이미 (이이미) 그(것)들과
	с собóй 스 싸보오이 자신과 함께

3인칭 대명사인 경우(он, онá, онó, они́), 전치사 뒤에 올 때 항상 н을 넣어줍니다.
전치사가 없으면 н이 빠진 형태만이 조격입니다.

1. 아라비아 숫자로 표현된 시간을 보고 숫자 뒤에 적절한 러시아어를 넣으세요.

1) 8:10   8 _____   10 _____

2) 12:21   12 _____   21 _____

3) 21:5   21 _____   5 _____

4) 3:42   3 _____   42 _____

2. 다음 한국어를 보고 러시아어로 말해보세요.

1) 지금 몇 시예요?

_____

2) 지금은 저녁 7시예요.

_____

3) 나는 아침 6시에 일어나요.

_____

4) 나는 밤 1시에 잠자리에 들어요.

_____

5) 누구랑? 나랑.

_____

3. 동사 сказа́ть를 써서 주어진 한국어 의미에 맞게 바꾸세요.

1) 내가 나중에 말해줄게.   _____

2) 누가 이걸 말했어?   _____

3) 어제 그녀가 말했어.   _____

4) 내일 우리가 말해줄게.   _____

5) 당신은 뭐라고(무엇을) 말했나요?   _____

note

- 시 час, часа́, часо́в
- 분 мину́та, мину́ты, мину́т
- 21시 два́дцать оди́н час
- 21분 два́дцать одна́ мину́та
- 12시 двена́дцать часо́в
- 42분 со́рок две мину́ты

- 저녁의 ве́чера
- 아침의 утра́
- 밤의 но́чи
- 나는 일어난다 я встаю́ (встава́ть)
- 나는 잠자리에 든다 я ложу́сь спать (ложи́ться спать)

- 미래 скажу́, ска́жешь, ска́жет, ска́жем, ска́жете, ска́жут
- 과거 сказа́л, сказа́ла, сказа́ло, сказа́ли

정답

1. 1) часо́в, мину́т   2) часо́в, мину́та   3) час, мину́т   4) часа́, мину́ты   2. 1) Ско́лько сейча́с вре́мени? 2) Сейча́с 7 часо́в ве́чера.   3) Я встаю́ в 6 часо́в утра́.   4) Я ложу́сь спать в час но́чи.
5) С кем? Со мной.   3. 1) Я пото́м скажу́.   2) Кто э́то сказа́л?   3) Вчера́ она́ сказа́ла.
4) За́втра мы ска́жем.   5) Что вы сказа́ли?

07. 지금 몇 시예요? 75

주제별 단어

숫자

0 ноль 놀

1 оди́н〈남〉 아시인, **одна́**〈여〉 아드나아, **одно́**〈종〉 아드노오

2 два〈남. 중〉 드바, **две**〈여〉 드비에

3 три 뜨리

4 четы́ре 취뜨이레

5 пять 삐아쯔

6 шесть 쉬에스쯔

7 семь 씨엠

8 во́семь 보오씸

9 де́вять 지에비쯔

10 де́сять 지에씨쯔

11 оди́ннадцать 아지인나짜쯔

12 двена́дцать 드비나아짜쯔

13 трина́дцать 뜨리나아짜즈

14 четы́рнадцать 취뜨이르나짜쯔

15 пятна́дцать 삣나아짜쯔

16 шестна́дцать 쉬스뜨나아짜쯔

17 семна́дцать 씸나아짜쯔

18 восемна́дцать 바씸나아짜쯔

19 девятна́дцать 지비뜨나아짜쯔

20 два́дцать 드바아짜쯔

21 два́дцать оди́н 드바아짜쯔 아지인

22 два́дцать два 드바아짜쯔 드바

30 три́дцать 뜨리이짜쯔

31 три́дцать оди́н 뜨리이짜쯔 아지인

40 со́рок 쏘오락

41 со́рок оди́н 쏘오락 아지인

50 пятьдеся́т 삣지씨아트

51 пятьдеся́т оди́н 삣지씨아트 아지인

60 шестьдеся́т 쉬즈지씨아트

70 се́мьдесят 씨엠지씨트

80 во́семьдесят 보오씸지씨트

90 девяно́сто 지비노오스따

100 сто 스또

101 сто оди́н 스또 아지인

1,000 ты́сяча 뜨이씨취아 (여성명사 취급)

10,000 де́сять ты́сяч 지에씨쯔 뜨이씨취

100,000 сто ты́сяч 스또 뜨이씨취

1,000,000 миллио́н 밀리오온 (남성명사 취급)

10,000,000 де́сять миллио́нов

지에씨트 밀리오나프

러시아 엿보기

러시아의 시간대와 주요 도시

러시아는 동서 길이가 약 9,000km나 되므로 시간대가 11개나 됩니다. 그래서 모든 항공기와 열차는 모스크바 표준시에 따라 표시되고 운행되고 있습니다. 모스크바 시간이라는 표현은 по моско́вскому вре́мени[빠 마스꼬오쁘스까무 브리에미니]라고 하는데 약자로 мск로 표기합니다. 모스크바 표준시는 우리나라 표준시에 비해 6시간이 늦습니다. 즉, 한국에서 낮 12시는 모스크바에서 같은 날 아침 6시가 됩니다.

러시아의 수도 모스크바(Москва́)는 인구 약 1,200만 명으로 러시아의 정치, 경제, 문화의 중심지입니다. 모스크바 국립대학과 볼쇼이 극장, 크렘린과 붉은 광장이 유명하며, 시베리아 횡단열차의 출발역이자 종착역이기도 합니다.

모스크바와 함께 러시아를 대표하는 도시 페테르부르크는 인구 약 530만 명이 살고 있으며 북쪽의 수도, 북방의 베네치아라고 불리기도 합니다. 세계 3대 박물관 중 하나인 에르미타주, 청동기마상, 네프스키 대로, 마린스키 극장, 여름 궁전 등이 유명하며, 여름에는 밤에도 낮처럼 환한 백야 현상이 있습니다.

시베리아 횡단열차의 출발지와 종착지인 블라디보스토크는 동쪽을 정복한다는 뜻으로 19세기 제정 러시아의 동방정책에 따라 건설된 도시입니다. 태평양을 향해 열린 부동항의 역할을 하는 블라디보스토크는 러시아의 태평양 함대가 있는 군사도시이기도 합니다.

시베리아에서 가장 오랜 역사를 가진 동시베리아의 철도, 행정, 문화의 중심지는 인구 약 60만의 이르쿠츠크로, 이곳에서 차로 1시간 거리에 세계에서 가장 깊은 바이칼 호수가 있습니다.

урок

08

Сколько это стоит?
이거 얼마예요?

Russia

 기본회화

Андрей : **Сколько э́то сто́ит?**
스꼬올까 에에따 스또오이트

Продавец : **Апельси́н сто́ит 100(сто) рубле́й за килогра́мм.**
아삘씨인 스또오이트 스또 루블리에이 자 낄라그라암

Андрей : **Очень до́рого! А ско́лько сто́ит я́блоко?**
오오췬 도오라가 아 스꼬올까 스또오이트 이아블라까

Продавец : **Я́блоко сто́ит 10(де́сять) рубле́й.**
이아블라까 스또오이트 지에씨쯔 루블리에이

Очень вку́сно и дёшево.
오오췬 프꾸우스나 이 지오쉬바

Андрей : **5(пять) я́блок, пожа́луйста.**
삐아쯔 이아블락 빠쥐아알스따

Продавец : **Пожа́луйста.**
빠쥐아알스따

해석

안드레이: 이거 얼마예요?
판매원: 오렌지는 킬로그램에 100루블입니다.
안드레이: 정말 비싸네요!
그러면 사과는 얼마예요?
판매원: 사과는 10루블입니다.
아주 맛있고 싸요.
안드레이: 사과 5개 주세요.
판매원: 여기요. (주면서)

> Очень до́рого! А ско́лько сто́ит я́блоко?

> Я́блоко сто́ит 10(де́сять) рубле́й.
> Очень вку́сно и дёшево.

기본회화 해설

1. Ско́лько э́то сто́ит? 이거 얼마예요?

가격을 표현하는 동사 сто́ить는 2식 동사 변화를 하고 불완료상이므로 주어에 따라 변화시키면 현재시제입니다. 가격을 말할 때는 사물이 주어이므로 주어는 он, она́, оно́, они́ 중의 하나가 되고, 단수일 때는 сто́ит, 주어가 복수일 때는 сто́ят입니다. 지시대명사 э́то는 оно́ 취급하므로 сто́ит가 옵니다.

2. Я́блоко сто́ит 10(де́сять) рубле́й. 사과는 10루블입니다.

7과에서 다루었듯이 러시아어의 모든 명사는 숫자와 결합할 때 3가지 형태가 있습니다. 러시아의 화폐단위인 루블(남)과 사과라는 단어를 살펴보면, рубль[루블], рубля́[루블리아], рубле́й[루블리에이]가 되고, я́блоко[이아블라까], я́блока[이아블라까], я́блок[이아블락]이 됩니다.

1(оди́н) рубль, 2(два) рубля́, 3(три) рубля́, 4(четы́ре) рубля́, 5(пять) рубле́й

1(одно́) я́блоко, 2(два) я́блока, 3(три) я́блока, 4(четы́ре) я́блока, 5(пять) я́блок

2, 3, 4 뒤에 오는 형태를 생격 단수라 하고, 5 이상 뒤에 오는 형태를 생격 복수라고 합니다.
(134쪽 참고)   (159쪽 참고)

3. Апельси́н сто́ит 100(сто) рубле́й за килогра́мм.
오렌지는 킬로그램에 100루블입니다.

킬로그램당 얼마인지 표현할 때 단위를 표현하는 전치사 за 뒤에 대격의 형태를 쓰는데, килогра́мм은 무생물이고 남성명사이므로 형태변화가 없습니다. 만약 개당으로 표현할 때는 шту́ка[쉬뚜우까]라는 명사를 쓰는데 여성단수이므로 대격은 шту́ку이고 1개당이라는 표현은 за шту́ку라고 합니다. (무생물 대격 58쪽 참고)

새로 나온 단어

сто́ить 스또오이쯔 (값이) ~이다〈불완〉

апельси́н 아뻴씨인 오렌지〈남〉

за 자 (+대격) ~당, ~에 대해

килогра́мм 낄라그라암 킬로그램〈남〉

до́рого 도오라가 비싸다

я́блоко 이아블라까 사과〈중〉

рубль 루블 루블〈남〉

вку́сно 프꾸스나 맛있다

дёшево 지오쉬바 싸다

пожа́луйста 빠쥐아일스따
부탁합니다, 주세요, 여기요(주면서)

шту́ка 쉬뚜우끼 개, 개수〈여〉

주요표현

Tip

есть는 '있다'라는 뜻으로 불변동사입니다. 있는 걸 이미 알고 있으면 안 쓰지만 있는지 없는지 물어볼 때는 당연히 써 줘야 합니다. дёшево는 '싸다'이지만 дешёвле는 '더 싸다'이고 비교의 의미를 가진 표현 앞에 по를 넣으면 조금이라는 의미가 추가됩니다. что-нибудь는 '무엇이든, 무엇이라도'라는 뜻입니다.

Tip

штука가 숫자와 결합하면 штука[쉬뚜우까], штуки[쉬뚜끼], штук[쉬뚝] 중 하나인데, 1(одна) штука, 2(две) штуки, 3(три) штуки, 4(четыре) штуки, 5(пять) штук이 됩니다. дайте는 '주세요'라는 명령형이며 пожалуйста[빠쥐아알스따]를 쓰면 더 공손한 표현이 되고, 생략해서 пожалуйста만 쓸 수도 있습니다. (명령형 142쪽 참고)

Tip

килограмм이 숫자와 결합하면 килограмм[낄라그라암], килограмма[낄라그라아마], килограммов[낄라그라아마프] 중 하나입니다.

Tip

'나한테 크다, 나한테 작다'라는 표현을 할 때 я의 여격 мне를 씁니다. (문법 참고)

Слишком дорого.
슬리이쉬깜　도오라가
너무 비싸요.

Есть что-нибудь подешёвле?
이에스쯔 쉬 또 니부우쯔　빠지쉬에블레
좀더 싼 거 뭐라도 있나요?

Сколько это стоит за штуку?
스꼬올까　에에따 스또오이트 자 쉬뚜우꾸
이거 1개에 얼마예요?

50(пятьдесят) рублей за штуку.
뼷지시아쯔　루블리에이 자　쉬뚜우꾸
1개에 50루블입니다.

Дайте три штуки.
다아이쩨 뜨리 쉬뚜우끼
3개 주세요.

Сколько это стоит за килограмм?
스꼬올까　에에따 스또오이트 자 낄라그라암
이거 킬로그램에 얼마예요?

100(сто) рублей за килограмм.
스또　루블리에이 자　낄라그라암
킬로그램에 100루블이에요.

Дайте два килограмма.
다아이쩨 드바　낄라그라아마
2킬로그램 주세요.

Это мне слишком велико.
에에따 므니에 슬리이쉬깜　빌리꼬오
이건 저한테 너무 커요.

Это мне слишком мало.
에에따 므니에 슬리이쉬깜　말로오
이건 저한테 너무 작아요.

Tip

ме́ньше가 '더 작다'는 뜻이고
поме́ньше는 '좀 더 작다', 그
리고 그 앞에 чуть은 '살짝, 조
금'이라는 뜻이므로, '아주 조금
더 작다'는 뜻입니다.

Tip

불완료상 동사 нра́виться는
'주어가 여격의 마음에 든다'
는 뜻입니다. вам이 вы의 여
격이므로 '당신 마음에 든다'
는 뜻이고 주어는 앞의 это로
нра́вится가 나옵니다. '내 마
음에 든다'고 하면 я의 여격
мне를 써서 мне нра́вится입
니다. (문법 참고)

Да́йте чуть поме́ньше.
다아이쩨 추우쯔 빠미엔쉬에
좀 더 작은 것 주세요.

А э́то как? Э́то то́же мало́?
아 에에따 깍   에에따 또오쥐에 말로오
이건 어때요? 이것도 작아요?

Нет, в са́мый раз.
니에트 프 싸아므이   라스
아뇨, 딱 맞아요.

Как э́то? Вам нра́вится?
깍   에에따 밤   느라아비짜
이거 어때요? (이게) 당신 마음에 들어요?

Да, мне о́чень нра́вится.
다   므니에 오오췬   느라아비짜
네, 아주 제 마음에 듭니다.

Нет, не о́чень.
니에트 니   오오췬
아뇨, 별로.

주요표현 단어

есть 이에스쯔 있다〈불변〉

сли́шком 슬리이쉬깜 너무

что-нибу́дь 쉬또 니부우쯔 무엇이든

подеше́вле 빠지쉬에블례 좀 더 싸게

да́йте 다아이쩨 주세요 (원형 дать)〈완〉

велико́ 빌리꼬오 크다

чуть 추쯔 조금, 살짝

поме́ньше 빠미엔쉬에 좀 더 작다

мало́ 말로오 (크기가) 작다 (ма́ло[마알라]〈양이〉적다)

в са́мый раз 프 싸아므이 라스 꼭 맞다, 딱 맞다

нра́виться 느라아비짜 마음에 들다〈불완〉

не о́чень 니 오오췬 별로, 아주 ~지는 않다

문법이야기

대명사 여격과 여격의 쓰임

여격은 '~에게'라는 뜻을 가지고 있지만, 그 뜻 이외에도 동사원형의 의미상의 주어, 부사의 의미상의 주어로 쓰입니다.

Да́йте мне, пожа́луйста. 저에게 주세요.　　　Мне хорошо́. 나는 좋다.

Мне пора́ идти́ домо́й. 나는 집에 갈 때이다.　　(나에게 주어진 상황이 좋다)

지금까지 여러 격이 나왔으니 대명사의 격의 형태를 정리해볼게요.

주격(1격)	생격(2격)	여격(3격)	대격(4격)	조격(5격)	전치격(6격)
кто-что	кого́-чего́	кому́-чему́	кого́-что	кем-чем	ком-чём
я	меня́	мне	меня́	мной	мне
ты	тебя́	тебе́	тебя́	тобо́й	тебе́
он	его́	ему́	его́	им	нём
она́	её	ей	её	ей	ней
оно́	его́	ему́	его́	им	нём
мы	нас	нам	нас	на́ми	нас
вы	вас	вам	вас	ва́ми	вас
они́	их	им	их	и́ми	них

주격(1격)은 전치사와 같이 쓰이지 않으며, 전치격(6격)은 항상 전치사와 같이 쓰입니다. 나머지 격들은 전치사가 올 수도 있고 안 올 수도 있고, 전치사가 올 경우 3인칭(он, она́, оно́, они́)은 앞에 н을 넣어줍니다. 아직 안 배운 격의 쓰임은 차차 익혀볼게요.

동사 нра́виться와 люби́ть

нра́виться는 '주어가 여격의 마음에 든다'는 뜻이고 люби́ть는 '주어가 대격을 좋아한다'는 뜻입니다. 동사 뒤에 붙는 ся는 모음 뒤에서 сь로 바뀝니다.

Мне э́то нра́вится. 나는 이게 마음에 든다.　　Я люблю́ э́то. 나는 이걸 좋아한다.

Ты мне нра́вишься. 너는 내 마음에 든다.　　Я люблю́ тебя́. 나는 너를 좋아한다.

둘 다 불완료상이고 2식 동사이며, 주어가 я일 때 어간 뒤에 л이 추가됩니다.

	нра́виться 느라아비짜	люби́ть 류비이쯔
я	нра́влюсь 느라아블류스	люблю́ 류블리우
ты	нра́вишься 느라아비쉬싸	лю́бишь 리우비쉬
он(она́, оно́)	нра́вится 느라아비짜	лю́бит 리우비트
мы	нра́вимся 느라아빔싸	лю́бим 리우빔
вы	нра́витесь 느라아비쩨스	лю́бите 리우비쩨
они́	нра́вятся 느라아비짜	лю́бят 리우비트

연습문제

1. 다음 러시아어를 읽고 해석하세요.

1) Вам э́то нра́вится? _____

2) Óчень вку́сно и дёшево. _____

3) Э́то мне сли́шком мало́. _____

4) Э́то мне сли́шком велико́. _____

• э́то нра́вится 이것이
  마음에 든다
• сли́шком 너무
• мало́ (크기가) 작다
• велико́ 크다

2. 다음 한국어를 보고 러시아어로 말해보세요.

1) 이거 1개에 얼마예요?

_____

2) 저 이거 마음에 들어요.

_____

3) 별로요.

_____

4) 너무 비싸요.

_____

• 1개 (одна́) шту́ка
• 1개에 за (одну́) шту́ку
• 별로, 매우 ~지는 않다
  не о́чень

3. 주어진 대명사 주격을 여격으로 바꾸세요.

1) я _____

2) мы _____

3) ты _____

4) вы _____

5) она́ _____

6) они́ _____

7) он _____

• я와 ты가, мы와 вы가
  각각 비슷하게 격변화
• он, она́, оно́의 격변화
  는 항상 е로 시작
• они́의 격변화는 항상 и
  로 시작

정답

1. 1) 당신 이거 마음에 들어요?   2) 아주 맛있고 싸요.   3) 이거 저한테 너무 작아요.   4) 이거 저한테 너무
커요.   2. 1) Ско́лько э́то сто́ит за шту́ку?   2) Мне э́то нра́вится.   3) Не о́чень.   4) Сли́шком
до́рого.   3. 1) мне   2) нам   3) тебе́   4) вам   5) ей   6) им   7) ему́

과일 · 채소

я́блоко 사과〈중〉
이아블라까

бана́н 바나나〈남〉
바나안

апельси́н 오렌지〈남〉
아뻴씨인

арбу́з 수박〈남〉
아르부우스

виногра́д 포도〈남〉
비나그라아트

анана́с 파인애플〈남〉
아나나아스

лимо́н 레몬〈남〉
리모온

клубни́ка 딸기〈여〉
끌루브니이까

фру́кты 프루욱뜨이 과일〈복〉

ды́ня 드이냐 멜론〈여〉

мандари́н 만다리인 귤〈남〉

ви́шня 비이쉬냐 체리〈여〉

гру́ша 그루우쉬아 배〈여〉

мали́на 말리이나 산딸기〈여〉

пе́рсик 뻬에르씩 복숭아〈남〉

абрико́с 아브리꼬오스 살구〈남〉

грейпфру́т 그립프루우트 자몽〈남〉

лайм 라아임 라임〈남〉

сли́ва 슬리이바 자두〈여〉

черни́ка 취르니이까 블루베리〈여〉

ма́нго 마앙가 망고〈중. 불변〉

грана́т 그라나아트 석류〈남〉

ки́ви 끼이비 키위〈중. 불변〉

авока́до 아바까아다 아보카도〈중. 불변〉

о́вощи 오오바쒸이 채소〈복〉

карто́фель 까르또오필 감자〈남〉

морко́вь 마르꼬오프 당근〈여〉

капу́ста 까뿌우스따 양배추〈여〉

помидо́р / тома́т 빠미도오르 / 따마아트 토마토〈남〉

огуре́ц 아구리에쯔 오이〈남〉

пе́рец 뻬에리쯔 피망〈남〉

чёрный пе́рец 취오르느이 뻬에리쯔 후추〈남〉

кра́сный пе́рец 끄라아스느이 뻬에리쯔 고추〈남〉

лук 룩 양파〈남〉

зелёный лук 질리오느이 룩 파〈남〉

чесно́к 취스노옥 마늘〈남〉

ты́ква 뜨이끄바 호박〈여〉

кабачо́к 까바취옥 애호박〈남〉

бе́лый реди́с 비엘르이 리지이스 무〈남〉

пеки́нская капу́ста 삐끼인스까야 까뿌우스따 배추〈여〉

러시아 엿보기

러시아의 화폐

현재 러시아에서 사용되고 있는 화폐단위는 루블(рубль, RUB)로 지폐와 동전이 있습니다. 지폐는 10루블, 50루블, 100루블, 500루블, 1000루블, 5000루블이 있는데, 2017년 10월 200루블과 2000루블짜리 지폐도 발행되기 시작했습니다.

동전은 1루블, 2루블, 5루블, 10루블, 20루블, 50루블과 1코페이카, 5코페이카, 10코페이카, 50코페이카가 있습니다. 코페이카는 루블의 1/100의 가치로 100코페이카가 1루블입니다. 2018년 현재 100루블은 우리 돈으로 약 1,700원에 해당합니다.

각 동전과 지폐에는 역사적 기념물이 도안으로 사용되는데, 지폐마다 기념물 소재지가 다릅니다. 예를 들어, 100루블 지폐의 기념물은 모스크바에 있는 볼쇼이 극장이고, 50루블의 기념물 소재지는 상트페테르부르크, 5000루블의 기념물 소재지는 하바롭스크입니다.

2017년 10월에 모스크바와 몇몇 도시에서 우선 발행되고 12월부터 전국 유통이 된 200루블과 2000루블 중에서 특히 200루블이 논란이 되었는데, 거기에 나온 기념비가 크림반도 세바스토폴에 있는 케르소네소스(크림반도 고대 그리스 식민지)와 침몰 선박 추모비였기 때문입니다. 우크라이나는 이에 항의의 뜻을 표시했고, 러시아의 200루블을 금지시켰습니다.

2000루블의 기념물은 블라디보스토크에 있는 보스토치니 우주기지와 루스키 섬 연륙교입니다.

Урок 09

Здесь или с собой?

여기서 드시나요, 아니면 포장인가요?

기본회화

Работник кафе : **Добрый день! Что вы хотите?**
도오브르이　지엔　쉬또　브이　하찌이쩨

Никита : **Дайте, пожалуйста, вот этот бутерброд.**
다아이쩨　빠쥐아알스따　보트　에에따트 부떼르브로오트

Работник кафе : **Что ещё?**
쉬또　이쒸오

Никита : **Чёрный чай с лимоном, пожалуйста.**
취오르느이　취아이 스 리모오남　빠쥐아알스따

Работник кафе : **Всего 53(пятьдесят три) рубля.**
프씨보오　삣지씨아트 뜨리　루블리아

Здесь или с собой?
즈지에스　이일리　스 싸보오이

Никита : **Здесь.**
즈지에스

Работник кафе : **Хорошо. Подождите.**
하라쉬오　빠다쥐지이쩨

해석

카페 직원: 안녕하세요! 무얼 원하시나요?
니키타: 　여기 이 샌드위치 주세요.
카페 직원: 또 뭐 주문하시겠어요?
니키타: 　레몬 홍차 주세요.
카페 직원: 전부 해서 53루블입니다.
　　　　　 여기에서 드시나요, 아니면 포장인가요?
니키타: 　여기에서요.
카페 직원: 알겠습니다. 잠시만 기다리세요.

> Всего 53(пятьдесят три) рубля.
> Здесь или с собой?

> Здесь.

1. Что вы хотите? 무엇을 당신은 원하시나요?

원하는 것을 표현하는 동사 хоте́ть[하찌에쯔]가 나왔습니다. 불규칙 변화인데 정말 많이 쓰이는 동사이니 주어와 함께 꼭 여러 번 반복해 주세요.

현재 : я хочу́, ты хо́чешь, он хо́чет, мы хоти́м, вы хоти́те, они́ хотя́т
　　　아 하취우　뜨이 호오취쉬　온 호오췯　므이 하찌임　브이 하찌이쩨　아니 하찌아트

2. Да́йте, пожа́луйста вот э́тот бутербро́д. 여기 이 샌드위치 주세요.

지금까지 변하지 않았던 э́то는 명사 역할이었고, 여기서는 '이, 이러한'이라는 뜻으로 지시형용사가 되어 명사에 따라 골라 써 줘야 합니다. 남성 명사 앞에서는 э́тот, 여성은 э́та, 중성은 э́то, 복수는 э́ти입니다. да́йте는 '주세요'라는 명령형입니다. (명령형 15과 참고)

э́тот фильм 이 영화　　э́та ру́чка 이 펜　э́то я́блоко 이 사과　　э́ти фи́льмы 이 영화들
에에따트 피일름　　　　에에따 루우취까　　에에따 이아블라까　　　에에찌 피일므이

бутербро́д에서 중간의 те는 러시아식으로 발음하지 않고 원래 발음을 살려 [떼]라고 발음합니다. 외래어 중에서 이런 발음이 종종 있습니다. 예) 테니스 те́ннис 떼에니스

3. Здесь и́ли с собо́й? 여기서 드시나요, 아니면 포장인가요?

Вы бу́дете есть здесь и́ли возьмёте с собо́й?가 원래 표현입니다. вы бу́дете есть[브이 부우지쩨 이에스쯔]는 '당신은 먹을 건가요'라는 뜻으로 есть가 여기에서는 '먹다'로 쓰였습니다. (131쪽 참고) 이 동사는 단독으로 쓰이면 '있다'라는 뜻이지만, 다른 동사와 같이 쓰이면 '먹다'라는 의미입니다. вы возьмёте[브이 바즈미오쩨]는 взять라는 동사가 원형으로 '당신은 가져갈 건가요'라는 뜻이고 с собо́й는 '자신과 함께'라는 뜻으로 포장하거나 물건을 챙겨갈 때 쓰는 표현입니다.

새로 나온 단어

хоте́ть 하찌에쯔 원하다
бутербро́д 부떼르브로오트 샌드위치
э́тот / э́та / э́то / э́ти
에에따트 에에따 에에따 에에찌 이, 이러한
ещё 이쒸오 더, 아직
чёрный чай 취오르느이 취아이 홍차〈남〉

лимо́н 리모온 레몬〈남〉
с лимо́ном 스 리모오남 레몬을 곁들여 (문법 참고)
всего́ 프씨보오 전부 다 해서
с собо́й 스 싸보오이 자신과 함께, 포장해서 가져감
подожди́те 빠다쥐지이쩨 잠시 기다리세요
　(원형 подожда́ть)〈완〉

Меню́, пожа́луйста.
미니우　빠쥐아알스따
메뉴 좀 주세요.

Пожа́луйста.
빠쥐아알스따
자 여기요.

Что вы рекоменду́ете?
쉬또　브이 리까민두우이쩨
무엇을 추천하시나요?

Что вы бу́дете зака́зывать?
쉬또　브이 부우지쩨　자까아즈이바쯔
무엇을 주문하시겠어요?

Я бу́ду вот э́то.
아 부우두 보트 에에따
저는 여기 이걸로 할게요.

Вы бу́дете что́-нибу́дь пить?
브이 부우지쩨　쉬또 니부우쯔　삐쯔
뭐라도 좀 마시겠어요?

Что-нибу́дь ещё?
쉬또 니부우쯔　이쒸오
뭐 더 있나요?

Бо́льше ничего́, спаси́бо.
보올쉐　니취보오　스빠씨이바
더 이상 없습니다, 감사합니다.

Прия́тного аппети́та!
쁘리이아뜨나바 아뻬찌이따
맛있게 드세요!

Это не то́, что я зака́зывал(а).
에에따 니　또　쉬또 아 자까아즈이발(라)
이건 제가 주문한 게 아니에요.

Счёт, пожа́луйста.
쒸오트   빠쮜이알스따

계산서 갖다주세요.

Мы пла́тим отде́льно.
므이   쁠라아찜   앗지옐나

저희는 각자 계산합니다.

Я плачу́ ка́ртой.
야 쁠라취우 까르따이

저는 카드로 계산합니다.

У вас здесь есть до́ступ к Интерне́ту?
우 바즈 즈지에스 이에즈쯔 도오스똡 끄 인떼르네에뚜

여기 인터넷 되나요?

Како́й паро́ль от Wi-Fi(Вай-Фай)?
까꼬오이 빠로올   앗 바이파이

와이파이 암호가 뭐예요?

Я приду́ ещё.
야 쁘리두우 이쒸오

또 올게요.

Tip

'지불하다, 계산하다'라는 뜻을 가진 불완료상 동사 плати́ть는 현재에서 2식 변화를 하는데, 주어가 я일 때만 자음 교체를 합니다. (я плачу́, ты пла́тишь, он пла́тим, мы пла́тим, вы пла́тите, они пла́тят) '카드로'라는 뜻을 가진 ка́ртой는 ка́рта의 조격으로 도구와 수단을 표현합니다. (문법 참고)

Tip

приду́의 원형은 완료상 прийти́로 현재시제는 없으며 주어에 따라 변화시키면 바로 미래입니다. 1식이지만 자음교체가 이루어지는 변화를 합니다. (я приду́, ты придёшь, он придёт, мы придём, вы придёте, они приду́т)

주요표현 단어

меню́ 미니우 메뉴, 메뉴판〈불변, 중〉	**ка́рта** 까아르따 카드, 지도〈여〉
рекомендова́ть 리까민다바아쯔 추천하다〈불완〉	**ка́ртой** 까아르따이 카드로 (조격)
зака́зывать 자까아즈이바쯔 주문하다〈불완〉	**до́ступ к** 도오스똡 끄 (к 여격에 대한) 접근, 접근권〈남〉
вот 보트 자, 여기, 바로	**Интерне́т** 인떼르네에트 인터넷〈남〉
пить 삐쯔 마시다〈불완〉	**до́ступ к Интерне́ту** 도오스똡 끄 인떼르네에뚜
бо́льше 보올쉐 더 많이, 더 이상 (부정문에서)	인터넷 접근
прия́тного аппети́та	**паро́ль от** 빠로올 앗 (от 생격의) 암호, 비밀번호〈남〉
쁘리이아뜨나바 아뻬찌이따 맛있게 드세요 (16과 참고)	**Wi-Fi(Вай-Фай)** 바이 파이 와이파이〈불변, 남〉
то, что 또 쉬또 ~한 것	**паро́ль от Wi-Fi(Вай-Фай)** 빠로올 앗 바이 파이
счёт 쒸오트 계산서, 계좌〈남〉	와이파이 비밀번호
плати́ть 쁠라찌이쯔 지불하다, 계산하다〈불완〉	**прийти́** 쁘리이찌이 오다, 도착하다〈완〉
отде́льно 앗지옐나 따로, 개별로	

문법이야기

명사의 조격

명사의 조격은 단독으로 쓰이면 자격이나 수단, 전치사 c와 결합하면 동반을 의미합니다.

	주격(1격)	조격(5격)	c 조격(5격)
	кто 누구	кем 누구로서 (자격)	с кем 누구와
	что 무엇	чем 무엇으로 (수단)	с чем 무엇을 곁들인, 가지고
남성명사 -ом, -ем(ём)	лимóн 레몬	лимóном	с лимóном
	чай 차(tea)	чáем	с чáем
	учи́тель 선생님	учи́телем	с учи́телем
여성명사 -ой, -ей(ёй), -ью	кáрта 카드, 지도	кáртой	с кáртой
	тётя 고모, 이모, 아주머니	тётей	с тётей
	рáдость 기쁨	рáдостью	с рáдостью
중성명사 -ом, -ем, -енем	молокó 우유	молокóм	с молокóм
	мóре 바다	мóрем	с мóрем
	врéмя 시간	врéменем	со врéменем

1) ш, щ, ж, ч, ц 뒤에 o가 올 때, o에 강세가 없으면 o를 e로 교체

врач 의사 → врачóм (чо에 강세 있음)

муж 남편 → мýжем (же에 강세 없음)

2) e가 올 자리에 강세가 있을 때 e를 ё로 교체합니다.

семья́ 가족 → с семьёй

словáрь 사전〈남〉 → со словарём

3) c 뒤에 в, с, з, ш, ж, м, р, л, ль+자음이 오면 c를 co로 교체합니다.

врéмя 시간〈중〉 → со врéменем (вр: в+자음)

словáрь 사전〈남〉 → со словарём (сл: с+자음)

4) 모음 탈락: 단어 끝 2번째 글자가 불안정모음(출몰모음)이면, 변할 때 탈락합니다.

отéц 아버지 → с отцóм (불안정모음 e 탈락, 불안정모음 단어는 외워야 함)

день 날, 낮〈남〉 → с днём (불안정모음 e 탈락)

5) 자모 추가: 일부 단어(мать, дочь)는 변할 때 중간에 ер를 추가

мать 어머니 → с мáтерью (ер 추가)

6) 남성명사 중 여성처럼 -a, -я로 끝나면 여성처럼 변하며(пáпа 아빠 → пáпой),

мя로 끝나는 중성 특수명사는 менем(врéмя 시간 → врéменем)으로 바뀝니다.

연습문제

1. 다음 러시아어를 읽고 해석하세요.

1) Что вы бу́дете зака́зывать? _____

2) Здесь и́ли с собо́й? _____

3) Что́-нибу́дь ещё? _____

4) Что́ вы хоти́те? _____

note

• зака́зывать 주문하다

• что́-нибу́дь
무엇이라도

• ещё 또, 더, 아직

2. 다음 한국어를 보고 러시아어로 말해 보세요.

1) 저는 카드로 계산합니다.

_____

2) 더이상 없습니다. 감사합니다.

_____

3) 이건 제가 주문한 게 아니에요.

_____

4) 또 올게요.

_____

• 카드 ка́рта

• 카드로 ка́ртой

• 더 이상, 더 많이
бо́льше

• 아무것도 (없다)
ничего́

• 내가 주문한 것 то, что
я зака́зывал(а)

• 나는 올 것이다
я приду́

3. 주어진 단어를 조격으로 바꾸세요.

1) ка́рта _____   2) лимо́н _____

3) молоко́ _____   4) кто _____

• 여성조격
ой, ей(ёй), ью

• 남성, 중성조격
ом, ем(ём), менем

4. 빈칸에 э́тот, э́та, э́то, э́ти 중 적당한 것을 골라 넣으세요.

1) _____ ру́чка   2) _____ бутербро́д

3) _____ фи́льмы   4) _____ молоко́

• 명사의 성별은
단어의 맨 끝이 결정

정답

1. 1) 뭘 주문하시겠어요?   2) 여기서 드시나요 아니면 포장인가요?   3) 뭐 더 있나요?   4) 무얼 원하시나요?

2. 1) Я плачу́ ка́ртой.   2) Бо́льше ничего́, спаси́бо.   3) Это не то́, что́ я зака́зывал(а).   4) Я приду́

ещё.   3. 1) ка́ртой 2) лимо́ном 3) молоко́м 4) кем   4. 1) э́та 2) э́тот 3) э́ти 4) э́то

고기 · 음식 · 맛

говя́дина 쇠고기〈여〉
가비야지나

свини́на 돼지고기〈여〉
스비니이나

ку́рица 닭고기〈여〉
꾸우리짜

бара́нина 양고기〈여〉
바라아니나

хлеб 빵(식사)〈남〉
흘리엡

вку́сно 맛있다
프꾸우스나

о́стро 맵다
오오스뜨라

ке́тчуп 케첩〈남〉
끼엣취웁

мя́со 미아싸 고기(육고기)〈중〉

ры́ба 르이바 물고기, 어류〈여〉

рис 리이스 밥, 쌀〈남〉

суп 쑵 국, 스프〈남〉

сыр 쓰이르 치즈〈남〉

яйцо́ 이이쪼오 계란〈중〉

колбаса́ 깔바싸아 소시지〈여〉

ветчина́ 빗취나아 햄〈여〉

ма́сло 마아슬라 버터, 기름〈중〉

са́хар 싸아하르 설탕〈남〉

соль 쏠 소금〈여〉

напи́тки 나뻬이뜨끼 음료〈복〉

вода́ 바다아 물〈여〉

молоко́ 말라꼬오 우유〈중〉

ко́фе 꼬오페 커피〈남, 불변, 예외〉

чай 취아이 차〈남〉

сок 쏙 주스〈남〉

зелёный чай 질리오느이 취아이 녹차〈남〉

чёрный чай 취오르느이 취아이 홍차〈남〉

во́дка 보오뜨까 보드카〈여〉

пи́во 뻬이바 맥주〈중〉

вино́ 비노오 와인〈중〉

заку́ски 자꾸우스끼 안주류, 반찬, 전채〈복〉

десе́рт 지씨에르트 디저트〈남〉

пече́нье 뻬취에니예 쿠키, 크래커〈중〉

шокола́д 쉬아깔라아트 초콜릿〈남〉

торт 또오르트 케이크〈남〉

бу́лочка 부울라취까 과자빵(간식)〈여〉

сла́дко 슬라아뜨까 달다

го́рько 고오리까 쓰다

солёно 쌀리오나 짜다

ки́сло 끼이슬라 시다

러시아의 음식

러시아인들의 주식은 빵과 육류, 그리고 감자입니다. 특히 빵이 식생활에서 중요한 역할을 차지하는데, 그중에서도 호밀을 발효시켜 만든 흑빵(чёрный хлеб)은 색깔이 검고 시큼한 향이 납니다. 육류로는 돼지고기, 닭고기, 양고기, 소고기로 만든 다양한 요리들이 있는데, 그중에서도 양념한 고기를 꼬치에 끼워 불에 구운 요리인 '샤슬릭(шашлы́к)'이 유명하고 대중적입니다. 바다가 멀기 때문인지 해산물은 대개 냉동이나 훈제로 가공되어 유통되고 있습니다.

러시아 대표 음식으로 빠지지 않는 것으로 밀가루 반죽을 원형으로 얇게 만들어 부친 블리닉이(блины́)가 있는데, 마슬레니차라는 봄축제 때 먹던 음식이지만, 맛있고 조리하기도 간편해서 평소에도 즐겨 먹고 길거리에서도 즉석 음식으로 팔리는 것을 많이 볼 수 있습니다.

추운 겨울을 견딜 수 있게 해 주는 보드카와 홍차는 러시아의 대표적인 음료 중 하나입니다. 보드카(во́дка)는 물(вода́)에서 나온 단어로, 알코올 도수 40도의 독한 술입니다. 예전에는 도수가 그 이상 되는 술도 만들었는데, 주기율표로 유명한 화학자 멘델레예프(Менделе́ев)가 인체에 미치는 영향과 맛을 고려하여 보드카 표준 도수를 40도로 정했다고 합니다.

그리고 러시아인들이 홍차(чёрный чай)를 마실 때 우리와 다른 점이 하나 있는데요, 바로 설탕을 넣어서 먹는다는 점입니다. 처음엔 설탕을 넣어서 먹는 게 정말 이상한데, 익숙해지면 그 단맛에 설탕을 넣은 홍차를 즐겨 마시는 자신을 발견하실 수 있을 거예요.

Урок 10

Какой у вас номер телефона?
당신 전화번호가 어떻게 되나요?

기본회화

Миша : **Какóй у тебя́ телефóн?**
까꼬오이 우 찌비아 찔리포온

Алиса : **Мой телефóн? Нóвый смартфóн.**
모이 찔리포온 노오브이 스마르뜨포온

Миша : **Нет, какóй у тебя́ нóмер телефóна?**
니에트 까꼬오이 우 찌비아 노오미르 찔리포오나

Алиса : **Это моя́ визи́тка. Вот мой телефóн.**
에에따 마이아 비지이뜨까 보트 모이 찔리폰

Миша : **Когдá мóжно звони́ть? Когдá тебé удóбно?**
까그다아 모오쥐나 즈바니이쯔 까그다 찌비에 우도오브나

Алиса : **В любóе врéмя.**
브 류보오예 브리에마

Тóлько не óчень рáно, не óчень пóздно.
또올까 니 오오췬 라아나 니 오오췬 뽀오즈나

> Нет, какóй у тебя́ нóмер телефóна?

> Это моя́ визи́тка. Вот мой телефóн.

미샤: 너 전화 어떻게 돼?
알리사: 내 전화? 새 스마트폰이야.
미샤: 아니, 너 전화번호가 어떻게 되냐구?
알리사: 이거 내 명함이야. 여기 내 전화번호야.
미샤: 언제 전화하면 돼? 언제가 너한테 편해?
알리사: 아무 때나. 단지 아주 일찍이나 아주 늦게는 말고.

기본회화 해설

1. Какóй у тебя́ телефóн? 당신 전화번호가 어떻게 되나요?

러시아어로 전화번호를 물어보는 표현은 Какóй у тебя́ нóмер телефóна?라고 합니다. 아주 가까운 사이가 아니라면 у тебя́ 대신에 у вас를 쓰지요. 그런데 '전화번호'를 의미하는 нóмер телефóна 대신에 간단히 '전화'라는 뜻의 телефóн을 써서 물어보기도 합니다. 본문 맨 처음 문장 인 Какóй у тебя́ телефóн?처럼요. 물론, 원래 뜻은 전화가 어떤 것인지 묻는 것이지만요.

2. Мой телефóн? 내 전화?

러시아어의 모든 형용사는 명사가 어떤지에 따라 형태가 결정됩니다. 명사는 남성, 여성, 중성, 복수 중 하나이므로 형용사의 형태가 넷인 것은 이제 조금 익숙해지셨을 거예요. '나의'라는 뜻인 소유 형용사 мой, моя́, моё, мой도 마찬가지로, 강세에 따른 발음을 주의해야 합니다.

мой телефóн 모이 찔리폰 내 전화   **моя́** визи́тка 마이아 비지이뜨까 내 명함

моё я́блоко 마이오 이아블라까 내 사과   **мой** роди́тели 마이이 라지이찔리 내 부모님

3. Когдá тебé удóбно? 너는 언제가 편해?

удóбно는 '편하게, 편하다'라는 뜻을 가진 부사입니다. 특성을 나타내는 이런 부사들은 단독으로 쓰여서 서술어가 되기도 합니다. 그런데 러시아어에서는 상황을 표현할 때 사람을 주격으로 쓰지 않고 여격을 씁니다. 주격인 ты를 쓰면 네가 편한한 사람이라는 뜻인데, 여격인 тебé를 쓰면 너에 게 주어진 상황이 편하다는 뜻이 되거든요. 그럼 я의 여격인 мне를 기존 부사와 조합해 볼까요?

Мне хорошó. 나 좋아. (나에게 주어진 상황이 좋다, 내가 좋은 사람이라는 뜻 아님)

Мне хóлодно. 나 추워. (나에게 주어진 날씨가 춥다, 내가 차가운 사람이라는 뜻 아님)

Мне удóбно. 나 편해. (나에게 주어진 상황이 편하다, 내가 편한 사람이라는 뜻 아님)

새로 나온 단어

телефóн 찔리푸온 전화〈남〉

нóвый (нóвая, -ое, -ые) 노오브이 새로운

смартфóн 스마르뜨포온 스마트폰〈남〉

нóмер 노오미르 번호, (호텔의) 객실〈남〉

телефóна 찔리포오나 전화의 (생격, 14과 참고)

нóмер телефóна 노오미르 찔리포오나 전화번호〈남〉

мой, моя́, моё, мой 모이, 마이아, 마이오, 마이이 나의

визи́тка 비지이뜨까 명함〈여〉

звони́ть 즈바니이쯔 전화하다〈불완〉

тебé 찌비에 너에게 (ты의 여격)

удóбно 우도오브나 편하게, 편하다

любóй (любáя, -óе, -ые) 류보오이 어떤 ~이든

тóлько 또올까 단지, 오직, ~만

рáно 라아나 일찍, 이르다

пóздно 뽀오즈나 늦게, 늦다 (д 묵음)

роди́тели 라지이찔리 부모님〈복〉

주요표현

Алло́! Это Али́са. Ди́ма до́ма?
알로오 에에따 알리이씨 지이마 도오마

여보세요! 저는(이 사람은) 알리사인데요. 디마 집에 있나요?

Позови́те его, пожа́луйста.
빠자비이쩨 이보오 빠쥐아알스따

그를 좀 바꿔주세요.

Сейча́с. Мину́точку.
씨취아스 미누우따취꾸

지금 바꿔드릴게요. 잠시만요.

Анна Серге́евна на ме́сте?
아안나 씨르기에이브나 나 미에스쩨

안나 세르게예브나 자리에 있나요?

Мо́жно её к телефо́ну?
모오쥐나 이이오 끄 찔리포오누

그녀를 좀 바꿔주실 수 있나요?

Её сейча́с нет.
이이오 씨취아스 니에트

그녀는 지금 없어요.

Андре́й есть?
안드리에이 이에스쯔

안드레이 있어요?

Его́ сейча́с нет.
이보오 씨취아스 니에트

그는 지금 없어요.

Он бу́дет приме́рно в 7(семь) часо́в.
온 부우지트 쁘리미에르나 프 씨엠 취쏘오프

그는 7시쯤에 올 거예요. (7시쯤에 있을 것이다)

Перезвони́те пото́м.
삐리즈바니이쩨 빠또옴

나중에 다시 전화하세요.

Хорошо́, я перезвоню́ пото́м.
하라쉬오   야 뻬리즈바니우   빠또옴

알겠습니다(좋습니다), 제가 나중에 다시 전화할게요.

Извини́те, что так ра́но.
이즈비니이쩨   쉬또 딱   라아나

이렇게 일찍 죄송합니다.

Извини́те, что так по́здно.
이즈비니이쩨   쉬또 딱   뽀오즈나

이렇게 늦게 죄송합니다.

Здесь таки́х нет.
즈지에스 따끼이흐 니에트

여기 그런 사람 없습니다.

Не беру́т тру́бку.
니   비루우트 뜨루우프꾸

전화를 안 받네요. (수화기를 잡지 않네요)

За́нято.
자아니따

통화중이에요.

word power

주요표현 단어

алло́ 알로오 여보세요

позва́ть 빠즈바아쯔 부르다〈완〉

позови́те 빠자비이쩨 불러주세요

мину́точку 미누우따취꾸 잠깐, 잠시

на ме́сте 나 미에스쩨 제 자리에

к телефо́ну 끄 찔리포오누 전화기 쪽으로

нет 니에트 없다 (없는 대상 생격), 아니다

приме́рно 쁘리미에르나 대략

перезвони́ть
삐리즈바니이쯔 다시 전화하다〈완〉

перезвони́те 삐리즈바니이쩨 다시 전화하세요

извини́те, что 이즈비니이쩨 쉬또
~해서 죄송합니다

так 딱 그렇게, 이렇게, 그러하다

таки́е 따끼이에 그런 사람들 (형용사 복수 형태)

таки́х нет 따끼이흐 니에트 그런 사람들 없다
(таки́х는 생격 복수)

(они) беру́т 비루우트 (사람들이) 잡는다
(원형 брать 잡다, 빌리다)〈불완〉

тру́бка 뜨루우프까 수화기〈여〉

за́нято 자아니따 통화중이다, 바쁘다, 점령중이다
(3과 문법 참고)

명사의 여격

단독으로 쓰이면 상황의 의미상의 주어(мне удóбно)이거나, 수여받는 대상이 되며, 전치사 к 와 결합하면 '~쪽으로, ~에게로'라는 뜻이며, по와 결합하면 '~에 따라'라는 뜻입니다.

	주격(1격)	여격(3격)	к 여격(3격)　　по 여격(3격)
	кто 누구	комý 누구에게(받는 사람)	к комý 누구에게로
	что 무엇	чемý 무엇에게	к чемý ~쪽으로, ~에게로 по чемý ~에 따라
남성명사 -у, -ю	телефóн 전화기	телефóну	к телефóну 전화기 쪽으로
	музéй 박물관	музéю	к музéю 박물관 쪽으로
	учи́тель 선생님	учи́телю	к учи́телю 선생님에게로
여성명사 -е, -и	мáма 엄마	мáме	к мáме 엄마에게로
	тётя 고모, 이모, 아주머니	тёте	к тёте 고모에게로
	Мари́я 마리야	Мари́и	к Мари́и 마리야에게로
	тетрáдь 공책	тетрáди	к тетрáди 공책 쪽으로
중성명사 -у, -ю	я́блоко 사과	я́блоку	к я́блоку 사과 쪽으로
	мóре 바다	мóрю	к мóрю 바다 쪽으로
	врéмя 시간	врéмени	по врéмени 시간에 따라

1) 여성명사는 я로 끝나면 я가 e로 바뀌고, ия로 끝나면 я가 и로 바뀌며, 중성명사 мя는 мени로 바뀝니다.

2) 'к+사람 여격'은 그 사람에게로 간다는 뜻입니다.

　Я идý к мáме. 나는 엄마에게 가고 있다. (원형 идти́: я идý, ты идёшь)(불완)

3) 'к+대명사 여격'(3인칭에서 н 추가)

　ко мне 나에게로　　к тебé 너에게로　　к немý 그에게로　　к ней 그녀에게로

　к нам 우리에게로　　к вам 당신(들)에게로　　к ним 그들에게로　　к себé 자신에게로

4) 모음 탈락(отéц), 자모 추가(мать, дочь)

　отéц 아버지 → к отцý

　мать 어머니 → к мáтери (ер 추가)

　дочь 딸 → к дóчери (ер추가)

5) 남성명사가 -a, -я로 끝나면 여성명사처럼 바꿔줍니다.

　пáпа 아빠 → пáпе

연습문제

note

1. 다음 러시아어를 읽고 해석하세요.

1) Какóй у вас нóмер телефóна? _____

2) Когдá вам удóбно? _____

3) В любóе врéмя. _____

4) Её сейчáс нет. _____

- у вас
  당신에게(소유, 일정)
- вам
  당신에게(받는 대상)
- её нет 그녀가 없다
- егó нет 그가 없다

2. 다음 한국어를 보고 러시아어로 말해보세요.

1) 그를 좀 바꿔주세요.

_____

2) 제가 나중에 다시 전화할게요.

_____

3) 이렇게 일찍 죄송합니다.

_____

4) 언제 전화해도 됩니까?

_____

- 바꿔주세요 позовúте
  (позвáть)
- 나중에 потóм
- 나는 다시 전화할 것
  이다 я перезвоню́
  (перезвонúть)
- 이렇게 일찍 так рáно
- 언제 됩니까?
  когдá мóжно?

3. 주어진 단어를 к+여격으로 바꾸세요.

1) мáма _____ 2) телефóн _____

3) он _____ 4) ты _____

- 전치사 к는 3인칭 대명
  사 앞에서 н 추가, 주어
  가 я일 때는 ко

4. 빈칸에 мой, моя́, моё, мои́ 중 적당한 것을 골라 넣으세요.

1) _____ нóмер телефóна 2) _____ родúтели

3) _____ я́блоко 4) _____ визúтка

- мой 남성명사 수식
  моя́ 여성명사 수식
  моё 중성명사 수식
  мои́ 복수명사 수식

정답

1. 1) 당신 전화번호가 어떻게 되나요? 2) 당신은 언제가 편하신가요? 3) 아무 때나. 4) 그녀는 지금 없어요.

2. 1) Позовúте егó, пожáлуйста. 2) Я перезвоню́ потóм. 3) Извинúте, что так рáно. 4) Когдá мóжно
звонúть? 3. 1) к мáме 2) к телефóну 3) к нему́ 4) к тебé 4. 1) мой 2) мои́ 3) моё 4) моя́

주제별 단어

전화 · 우편 · 전자제품

письмо́ 편지〈중〉
삐스모오

откры́тка 엽서〈여〉
앗끄르이뜨까

посы́лка 소포〈여〉
빠쓰일까

почто́вый я́щик
빠취또오브이 이아쒸

우체통〈남〉

телефо́н 전화기〈남〉
찔리포온

телефо́н-автома́т / таксофо́н 공중전화〈남〉
찔리포온 아프따마트 / 딱사포온

моби́льный телефо́н 휴대폰〈남〉
마비일느이 찔리포온

электро́нная по́чта
엘릭뜨로온나야 뽀오취따

이메일〈여〉

телефо́нная бу́дка 공중전화 박스〈여〉

찔리포온나야 부우뜨까

но́мер телефо́на 노오미르 찔리포오나 전화번호〈남〉

телефо́нная ка́рта 찔리포온나야 까아르따 전화카드〈여〉

а́дрес 아아드리스 주소〈남〉

электро́нный а́дрес 이메일 주소〈남〉

엘릭뜨로온느이 아아드리스

телегра́мма 찔리그라아마 전보〈여〉

факс 파악스 팩스〈남〉

компью́тер 깜삐우떼르 컴퓨터〈남〉

при́нтер 쁘리인떼르 프린터〈남〉

телеви́зор 찔리비이자르 텔레비전〈남〉

ра́дио 라아지오 라디오〈불변, 중〉

MP3-пле́ер 엠뻬뜨리쁠레에이르 MP3 플레이어〈남〉

магнитофо́н 마그니따포온 녹음기〈남〉

нау́шники 나우우쉬니끼 이어폰, 헤드폰〈복〉

цифрово́й фотоаппара́т 디지털 카메라〈남〉

찌프라보오이 파따아빠라아트

батаре́йка 바따리에이까 배터리〈여〉

аккумуля́тор 아꾸물리아따르 충전식 배터리〈남〉

микроволно́вая печь / микроволно́вка

미끄라발노오바야 삐에취 미끄라발노오프까 전자레인지〈여〉

ку́хонная плита́ 꾸우헌나야 쁠리따아 전기(가스)렌지〈여〉

стира́льная маши́на 스찌라알나야 마쉬이나 세탁기〈여〉

утю́г 우찌욱 다리미〈남〉

кондиционе́р 깐지찌아니에르 에어컨〈남〉

вентиля́тор 빈찔리아따르 선풍기〈남〉

обогрева́тель 아바그리바아찔 난로〈남〉

электри́ческий ча́йник 커피포트〈남〉

엘릭뜨리이취스끼 취아이닉

холоди́льник 할라지일닉 냉장고〈남〉

пылесо́с 쁘일리쏘오스 진공청소기〈남〉

러시아 엿보기

마트료시카(матрёшка)

러시아에 대해 잘 모르는 사람도 나무로 된 인형을 열면 그 속에 인형이 들어 있고, 또 그 속에 들어 있는 목각인형 '마트료시카'에 대해 들어보거나 본 적이 있으실 거예요. 러시아의 대표적인 기념품 중의 하나이고, 우리나라 인사동에서도 러시아의 마트료시카를 살 수 있습니다.

예전의 마트료시카는 여성의 얼굴을 하고 있었지만, 지금은 남성 형태도 있고, 전통적인 러시아인의 모습뿐 아니라, 유명 인사나 동물 등 종류가 아주 다양해졌습니다. 마트료시카의 크기나 속에 들어 있는 인형의 수는 다 다른데, 인형의 장식과 조각이 섬세할수록 값이 비쌉니다.

그런데 러시아에는 또 하나의 마트료시카가 있습니다. 2014년 동계 올림픽이 치러졌던 도시 소치의 2층 버스인데요, 2017년 등장한 이 버스는 소치 시내를 둘러볼 수 있는 관광 버스입니다. 2018년 러시아 월드컵을 기념한 스타일의 이 빨간 버스는 매일 운행하며, 700루블 (2018년 기준 약 12,000원) 이면 하루 종일 이용할 수 있습니다.

11

Где здесь туалет?
여기 화장실 어디예요?

기본회화 1

Антон : **Извини́те, скажи́те, пожа́луйста, где здесь туале́т?**
이즈비니이쩨　　스까쥐이쩨　　빠쥐아알스따　　그지에 즈지에스 뚜알리에트

Юми : **Ря́дом ста́нция метро́. Там есть туале́т.**
리아담　　스따안찌야　　미뜨로오　　땀　　이에스쯔 뚜알리에트

Антон : **А ско́лько сто́ит сходи́ть в туале́т?**
아 스꼬올까　　스또오이트 스하지쯔　　프 뚜알리에트

Юми : **Это беспла́тно.**
에에따 비스쁠라아뜨나

Антон : **Пра́вда? Беспла́тно?**
쁘라아브다　　비스쁠라아뜨나

Это о́чень хорошо́. Большо́е спаси́бо.
에에따 오오췬　　하라쉬오　　발쉬오예　　스빠씨이바

Юми : **Пожа́луйста.**
빠쥐아알스따

Извини́те, скажи́те, пожа́луйста, где здесь туале́т?

Ря́дом ста́нция метро́. Там есть туале́т.

해석

안톤: 죄송하지만, 여기 어디에 화장실이 있는지
　　　말씀해 주시겠어요?
유미: 옆에 있는 게 지하철역이에요.
　　　거기에 화장실이 있어요.
안톤: 그런데 화장실 다녀오는 데 얼마인가요?
유미: 그건 무료예요.
안톤: 정말요? 무료예요?
　　　아주 좋네요. 정말 고마워요.
유미: 천만에요.

기본회화 해설

1. Извини́те, скажи́те, пожа́луйста... 죄송하지만 ~를 말씀해 주시겠습니까?

길에서 모르는 사람에게 무언가를 물어볼 때 질문부터 하는 것보다는 위의 문장으로 시작하는 게 좋습니다. 7과에 나왔던 완료상 동사 сказа́ть의 명령형인 скажи́те는 '말해 주세요'라는 표현으로, 정중하게 표현하려면 пожа́луйста를 붙여줍니다. 본문 표현처럼 извини́те와 скажи́те, пожа́луйста를 둘 다 써도 되고, 둘 중 하나만 써도 됩니다.

2. Где туале́т? 화장실 어디 있나요?

근처에 찾는 것이 어디 있는지 물어볼 때는 Где здесь...?라는 표현을 사용합니다. '어디에'라는 뜻을 가지고 있는 где 바로 뒤에 물어보고 싶은 대상을 쓰면 문장이 됩니다.

    Где ты? 너 어디야?   Где ма́ма? 엄마 어디 계셔?   Где туале́т? 화장실 어디 있어?

3. Ско́лько сто́ит сходи́ть в туале́т? 화장실 다녀오는 데 얼마인가요?

'목적지, 방향'을 표현하는 전치사 в 뒤에 사물 대격을 쓰면, 이동하려는 목적지를 의미합니다.

    в туале́т 화장실로   в Сеу́л 서울로

4. Большо́е спаси́бо. 대단히 감사합니다.

Спаси́бо만 쓰면 '고맙습니다, 감사합니다'의 뜻인데, '큰, 많은'이라는 뜻을 가진 형용사 большо́й의 중성 형태인 большо́е를 덧붙이면 '크게 고맙습니다, 대단히 감사합니다'라는 뜻이 됩니다. большо́е는 앞에 와도 되고 뒤에 와도 됩니다.

    Большо́е спаси́бо! = Спаси́бо большо́е!

고맙다는 인사에 대한 답으로는 Пожа́луйста나 Не́ за что[니에 자 쉬따]를 말하면 됩니다.

새로 나온 단어

скажи́те 스까쥐이쩨 말해주세요 (원형 сказа́ть 말하다)〈완〉
где 그지에 어디에
туале́т 뚜알리에트 화장실〈남〉
ря́дом 리아담 옆에, 곁에
метро́ 미뜨로오 지하철〈불변, 중〉
ста́нция метро́ 스따안찌야 미뜨로오 지하철역〈여〉
там 땀 거기에, 저기에

сходи́ть 스하지쯔 다녀오다〈완〉
беспла́тно 비스쁠라아뜨나 무료로, 무료이다
пра́вда 쁘라아브다 사실, 정말〈여〉
большо́й (-а́я, -о́е, -и́е) 발쉬오이 큰, 많은
пожа́луйста 빠쥐아알스따 부탁합니다, 천만에요, 여기요
не́ за что 니에 자 쉬따 천만에요
Сеу́л 씨우울 서울〈남〉

기본회화 2

Вика : **Прости́те, вы зна́ете, где нахо́дится Сеу́льский вокза́л?**
쁘라스찌이쩨　　브이　즈나아이쩨　그지에 나호오지짜　　씨우울스끼　　　바그자알

Сухён : **Сеу́льский вокза́л? Э́то недалеко́.**
씨우울스끼　　　바그자알　　에에따 니달리꼬오

Вика : **Мо́жно пешко́м?**
모오쥐나　　삐쉬꼬옴

Сухён : **Да, иди́те пря́мо мину́т 5(пять), пото́м напра́во.**
다　　이지이쩨　쁘리아마　미누우트　삐아쯔　빠또옴　　나쁘라아바

Вы уви́дите большо́е зда́ние.
브이　우비이지쩨　발쉬오예　　　즈다아니예

Э́то Сеу́льский вокза́л.
에에따 씨우울스끼　　　바그자알

Вика : **Спаси́бо большо́е.**
스빠씨이바　　발쉬오예

Сухён : **Не́ за что.**
니에 자 쉬따

Прости́те, вы зна́ете, где нахо́дится Сеу́льский вокза́л?

Сеу́льский вокза́л? Э́то недалеко́.

비카 : 실례지만, 서울역이 어디 위치하는지 아시나요?
수현 : 서울역이요? 멀지 않아요.
비카 : 걸어서 갈 수 있나요?
수현 : 네, 5분 정도 직진하시고, 그다음에 우회전하세요.
　　　큰 건물이 보이실 거예요.
　　　그게 서울역이에요.
비카 : 정말 감사합니다.
수현 : 천만에요.

1. Прости́те, вы зна́ете, гда нахо́дится...? 실례지만 ~가 어디 위치하는지 아시나요?

'실례합니다'라는 뜻을 가진 прости́те도 모르는 사람에게 물어보거나 부탁을 하기 전 할 수 있는 정중한 표현입니다. 동사 знать는 뒤에 명사 대격이 나올 수도 있지만, 예문처럼 문장이 나올 수도 있습니다. нахо́дится의 원형은 불완료상 동사 находи́ться로 '위치하고 있다'라는 뜻입니다. 주어가 я일 때 자음교체가 있고, ты부터 강세가 앞으로 갑니다. (я нахожу́сь, ты нахо́дишься, он нахо́дится, мы нахо́димся, вы нахо́дитесь, они нахо́дятся)

2. Иди́те пря́мо мину́т 5, пото́м напра́во. 5분 정도 직진하고, 그 다음 우회전하세요.

иди́те는 идти́라는 동사의 명령형으로 '한쪽 방향으로 걸어서 이동하세요'라는 뜻입니다. 흔히 '가세요'로 해석되지만, 때에 따라서 '오세요, 이동하세요'의 의미가 되기도 합니다. 5분은 пять мину́т인데, 이 두 단어의 순서를 바꿔서 мину́т пять라고 하면 '5분 정도'가 됩니다. пря́мо와 напра́во는 방향을 나타내는 말로 전자는 '똑바로', 후자는 '오른쪽으로'가 됩니다.

3. Вы уви́дите большо́е зда́ние. 당신은 큰 건물을 보게 될 거예요.

уви́дите의 원형은 완료상 동사 уви́деть이고 '명사 대격을 보다, 명사 대격이 보이다'라는 뜻입니다. 완료상이므로 вы уви́дите는 미래 시제입니다. 2식 동사로 주어가 я일 때만 자음교체가 됩니다. (я уви́жу, ты уви́дишь, он уви́дит, мы уви́дим, вы уви́дите, они уви́дят)
이 동사의 불완료상은 맨 앞의 у를 뺀 ви́деть로 어떤 대상이 보이거나 안 보일 때 씁니다.

  Ты меня́ ви́дишь? 너 나 보여?

  Я не ви́жу тебя́. 나는 네가 안 보여.

새로 나온 단어

прости́те 쁘라스찌이쩨 실례합니다

нахо́дится 나호오지짜 (3인칭 단수가) 위치하다
  (원형 находи́ться)〈불완〉

Се́ульский вокза́л 씨우울스끼 바그자알
  서울역(기차역)〈남〉

недалеко́ 니달리꼬오 멀지 않다

пешко́м 삐쉬꼬옴 걸어서, 도보로

иди́те 이지이쩨 이동하세요, 가세요, 오세요
  (원형 идти́)〈불완〉(98쪽 참고)

пря́мо 쁘리아마 똑바로

напра́во 나쁘라아바 오른쪽으로

уви́деть 우비이지쯔 보다, 보이다〈완〉

ви́деть 비이지쯔 보다, 보이다〈불완〉

зда́ние 즈다아니예 건물〈중〉

주요표현

Tip

장소: где 어디에, тут 여기에, здесь 여기에, там 저기에, 거기에, слéва 왼쪽에, спрáва 오른쪽에

Tip

이동 방향: кудá 어디로, сюдá 여기로, тудá 저기로, 거기로, налéво 왼쪽으로, напрáво 오른쪽으로, прямо 똑바로, вперёд 앞으로, назáд 뒤로

Tip

'여기서 멀다'라고 할 때의 '여기서'는 여기를 출발점, 기준점으로 했을 때라는 뜻이고 그 단어는 отсюда입니다. сюдá와 강세가 다르니 주의하세요.

Ресторáн тут.

리스따라안   뚜우트

식당은 이쪽에 있어요.

Идúте сюдá.

이지이쩨 쓔다아

이쪽으로 오세요.

Магазúн там.

마가지인   땀

가게는 저쪽이에요.

Идúте тудá.

이지이쩨 뚜다아

저쪽으로 가세요.

Банк нахóдится слéва.

바안끄 나호오지짜   슬리에바

은행은 왼쪽에 위치합니다.

Идúте налéво.

이지이쩨 날리에바

왼쪽으로 가세요.

Пóчта нахóдится спрáва.

뽀오취따 나호오지짜   스쁘라아바

우체국은 오른쪽에 위치합니다.

Идúте напрáво.

이지이쩨 나쁘라아바

오른쪽으로 가세요.

Идúте прямо минýт 10(дéсять), потóм налéво.

이지이쩨 쁘리아마 미누우트 지에씨쯔   빠또옴 날리에바

10분 정도 직진하다가 좌회전하세요.

Отсюда далекó?

앗씨우다   달리꼬오

여기서 먼가요?

Пешко́м далеко́.

삐쉬꼬옴   달리꼬오

걸어서는 멀어요.

Лу́чше на метро́.

루웃쉬에   나   미뜨로오

지하철로 가는 게 더 나을 거예요.

Где вы живёте?

그지에 브이 쥐비오쩨

당신들은 어디 사세요?

Мы живём в Сеу́ле.

므이   쥐비옴   프 씨우울레

우리는 서울에 살아요.

Где ты живёшь?

그지에 뜨이 쥐비오쉬

너 어디 살아?

Я живу́ в Москве́.

야 쥐부우   브 마스끄비에

나는 모스크바에 살아.

주요표현 단어

рестора́н 리스따라안 식당〈남〉	**банк** 바안끄 은행〈남〉
тут 뚜우트 여기에 (구어체만)	**по́чта** 뽀오취따 우체국〈여〉
сле́ва 슬리에바 왼쪽에	**отсю́да** 앗씨우다 여기로부터
спра́ва 스쁘라아바 오른쪽에	**далеко́** 달리꼬오 멀다
куда́ 꾸다아 어디로	**лу́чше** 루웃쉬에 더 낫다, 더 좋다
сюда́ 씨우다아 여기로	**авто́бус** 아프또오부스 버스〈남〉
туда́ 뚜다아 거기로, 저기로	**по́езд** 뽀오이스트 기차〈남〉
нале́во 날리에바 왼쪽으로	**трамва́й** 뜨람바아이 전차〈남〉
напра́во 나쁘라아바 오른쪽으로	**жить** 쥐이쯔 살다〈불완〉
вперёд 프뻬리오트 앞으로	**Москва́** 마스끄바아 모스크바〈여〉
наза́д 나자아트 뒤로	

문법이야기

명사의 전치격

항상 전치사와 같이 쓰이며, 전치사에 따라 의미가 달라집니다. в, на를 쓰면 장소가 되고, 교통수단을 표현할 때는 на를 쓰며, '~에 관해'라는 뜻일 때는 о를 씁니다.

	주격(1격)	о 전치격(6격)	в 전치격(6격), на 전치격(6격)
	кто 누구	о ком 누구에 관해	в ком, на ком ~속에, ~표면에
	что 무엇	о чём 무엇에 관해	в чём, на чём ~에, ~를 타고
남성명사 -е, -и	Сеу́л 서울	о Сеу́ле 서울에 관해	в Сеу́ле 서울에서
	музе́й 박물관	о музе́е 박물관에 관해	в музе́е 박물관에서
	слова́рь 사전	о словаре́ 사전에 관해	в словаре́ 사전에
	коммента́рий 댓글, 코멘트	о коммента́рии 댓글에 관해	в коммента́рии 댓글에
여성명사 -е, -и	Москва́ 모스크바	о Москве́ 모스크바에 관해	в Москве́ 모스크바에서
	Коре́я 한국	о Коре́е 한국에 관해	в Коре́е 한국에서
	Росси́я 러시아	о Росси́и 러시아에 관해	в Росси́и 러시아에서
	пло́щадь 광장	о пло́щади 광장에 관해	на пло́щади 광장에서
중성명사 -е, -и, -мени	не́бо 하늘	о не́бе 하늘에 관해	в не́бе, на не́бе 하늘에
	мо́ре 바다	о мо́ре 바다에 관해	в мо́ре, на мо́ре 바다에
	зда́ние 건물	о зда́нии 건물에 관해	в зда́нии 건물에
	вре́мя 시간	о вре́мени 시간에 관해	во вре́мени 시간 속에서

1) 대부분은 е로 바뀌지만 ий, ия, ие로 끝나거나(коммента́рий, Росси́я, зда́ние), ь로 끝나는 여성명사(пло́щадь)면 и로 바뀌고, мя로 끝나는 중성은 мени로 바뀌줍니다.

2) в не́бе는 행정구역상의 하늘, 공간상의 하늘이고, на не́бе는 표면으로서의 하늘입니다.
   в мо́ре는 행정구역상의 바다, 바다의 물 속이고, на мо́ре는 휴식공간으로서의 바다입니다.

3) обо мне 나에 관해   о тебе́ 너에 관해   о нём 그에 관해   о ней 그녀에 관해
   о нас 우리에 관해   о вас 당신(들)에 관해   о них 그들에 관해   о себе́ 자신에 관해

4) 전치사 о 뒤에 단모음 а, э, и, о, у, ы로 시작하는 단어가 오면 об로 교체합니다.
   об аэропо́рте 공항에 관해

5) 모음 탈락(оте́ц), 자모 추가(мать, дочь)
   оте́ц 아버지 → об отце́ (불안정모음 е 탈락)   мать 어머니 → о ма́тери (ер 추가)

6) 일부 명사는 장소를 표현할 때만 у가 오며, 강세는 맨 뒤로 이동합니다.
   аэропо́рт 공항   в аэропорту́ 공항에서

1. 다음 러시아어를 읽고 해석하세요.

1) Иди́те пря́мо мину́т 5, пото́м нале́во. _____

2) Вы уви́дите большо́е зда́ние. _____

3) Лу́чше на авто́бусе. _____

4) Банк нахо́дится спра́ва. _____

2. 다음 한국어를 보고 러시아어로 말해보세요.

1) 죄송하지만, 화장실은 어디인가요?

_____

2) 걸어서 갈 수 있나요?

_____

3) 여기서 먼가요?

_____

4) 당신은 어디에 살고 있나요?

_____

3. 주어진 단어를 o 전치격으로 바꾸세요.

1) я _____   2) Коре́я _____

3) Росси́я _____   4) Сеу́л _____

4. 동사 жить를 주어에 따라 변화시키세요.

1) Где ты _____?   2) Я _____ там.

3) Они _____ в Москве́.   4) Вы то́же _____ здесь?

note

- пря́мо 똑바로
- нале́во 왼쪽으로
- вы уви́дите
  당신은 보게 될 것이다
- на авто́бусе
  (авто́бус) 버스를 타고
- спра́ва 오른쪽에

- 걸어서 пешко́м
- 여기서부터
  отсю́да
- 서울에
  в Сеу́ле
- 나는 산다
  я живу́
- 당신은 산다
  вы живёте

- 전치격은 명사의 맨 끝을
  e나 и나 мени로 바꿈

- жить 1식 동사, 어간
  жив이고 강세는 뒤에
  고정

주제별 단어

교통

самолёт 비행기〈남〉
싸말리오트

авто́бус 버스〈남〉
아프또오부스

по́езд 기차〈남〉
뽀오이스트

грузови́к 트럭〈남〉
그루자비익

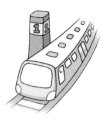

метро́ 지하철〈불변. 중〉
미뜨로오

ско́рая по́мощь
스꼬오라야 뽀오모쉬
구급차〈여〉

такси́ 택시〈불변. 중〉
딱씨이

пожа́рная маши́на
빠줴아르나야 마쉬이나
소방차〈여〉

маши́на 마쉬이나 자동차〈여〉

мотоци́кл 마따찌이끌 오토바이〈남〉

велосипе́д 빌라씨뻬에트 자전거〈남〉

маршру́тка 마르쉬루우뜨까 노선택시〈여〉

трамва́й 뜨람바아이 전차〈남〉

тролле́йбус 뜨랄리에이부스 트롤리버스(무궤도전차)〈남〉

ско́рый по́езд 스꼬오르이 뽀오이스트 급행열차〈남〉

скоростно́й по́езд 고속열차〈남〉

스까라스노오이 뽀오이스트

вокза́л 바그자알 기차역〈남〉

автовокза́л 아프따바그자알 버스터미널〈남〉

авто́бусная остано́вка 버스 정류장〈여〉

아프또오부스나야 아스따노오프까

стоя́нка такси́ 스따이안까 딱씨이 택시 정류장〈여〉

ста́нция метро́ 스따안찌야 미뜨로오 전철역〈여〉

прича́л 쁘리취알 선착장〈남〉

МКС(междунаро́дная косми́ческая ста́нция) 국제우주정거장〈여〉

엠까에스 (미쥐두나로오드나야 까스미이취스까야 스따안찌야)

косми́ческий кора́бль 우주선〈남〉

까스미이취스끼 까라아블

кора́бль 까라아블 배〈남〉

паро́м 빠로옴 유람선, 페리선〈남〉

ледоко́л 리다꼬올 쇄빙선〈남〉

ло́дка 로오뜨까 보트〈여〉

я́хта 이아흐따 요트〈여〉

порт 뽀오르트 항구〈남〉

аэропо́рт 아에라뽀오르트 공항〈남〉

вертолёт 비르딸리오트 헬리콥터〈남〉

раке́та 라끼에따 로켓, 미사일〈여〉

кана́тная доро́га 까나아뜨나야 다로오가 케이블카〈여〉

эвакуа́тор 에바꾸아아따르 견인차〈남〉

러시아의 공중화장실

러시아의 공중화장실은 대부분 유료입니다. 기차역이나 버스터미널도 마찬가지입니다. 그래서 화장실 입구에는 꼭 돈을 받는 곳이 있습니다.

그리고 화장실에 색깔이나 그림으로 남자 화장실, 여자 화장실을 구별해 놓은 곳도 있지만, 어떤 곳은 그냥 글자로 써 있기만 한 곳도 있습니다. 들어가는 사람들이 많으면 그걸 보고 구분할 텐데, 주변에 사람이 없다면 글자로 구분해야 합니다. 그럴 때는 М이라고 쓴 곳이 남자 화장실이고, Ж라고 써 있는 곳이 여자 화장실이니 잘 구별해서 들어가시길요.

그리고 지하철에 화장실이 있지 않은 경우가 대부분입니다. 2015년 모스크바 지하철의 역에 화장실이 생겼다가 문을 닫았고, 2017년부터 다시 일부 역에 화장실이 생기기 시작했습니다. 물론, 당연히 유료입니다.

또 하나 당연히 무료라고 생각했다가 놀랄 수 있는 부분은 물도 무료가 아니라는 점입니다. 식당에서 음식을 먹을 때도 물이 그냥 나오지 않으므로, 마시려면 주문할 때 물도 같이 주문해야 합니다.

12

Это моя семья.
이 사람들은 제 가족이에요.

 기본회화

Лена : **Чья э́то фотогра́фия? Твоя́?**
취야　에에따 파따그라아피야　　뜨바이아

Минхо : **Да, моя́. Это моя́ семья́.**
다　마이아　에에따 마이아 씨미아

Лена : **Мо́жно посмотре́ть?**
모오쥐나　　빠스마뜨리에쯔

Минхо : **Коне́чно. Посмотри́.**
까니에쉬나　　빠스마뜨리이

Лена : **А где ты? Это ты?**
아 그지에 뜨이　에에따 뜨이

Минхо : **Да, э́то я. А э́то мой па́па, а э́то моя́ ма́ма.**
다　에에따 이아 아　에에따 모오이 빠아빠　아 에에따 마이아 마아마

Я еди́нственный ребёнок в семье́.
야 이지인스뜨빈느이　　리비오낙　　프 씨미에

Чья э́то фотогра́фия? Твоя́?

Да, моя́. Это моя́ семья́.

레나: 이건 누구 사진이야? 네 거야?
민호: 그래, 내 거야. 이 사람들이 내 가족이야.
레나: 봐도 돼?
민호: 물론. 봐.
레나: 그런데 넌 어디에 있어? 이게 너야?
민호: 그래, 이게 나야.
　　　그리고 이 사람이 우리 아빠, 이 사람이 우리 엄마야.
　　　나는 가족 중에 외동이야.

기본회화 해설

1. Чья э́то фотогра́фия? 이건 누구의 사진이야?

소유형용사도 명사에 따라 4가지 중 하나를 골라 쓰지만, 이런 형용사에도 불변형용사가 있습니다. 바로 3인칭인 его́, её, их인데요. 이들은 명사가 무엇이든 변하지 않습니다.

명사(주격, 1격)		형용사(주격, 1격)	
누구	кто	누구의	чей, чья, чьё, чьи́ 취 취이아 취이오 취이
나	я	나의	мой, моя́, моё, мои́ 모이, 마이아, 마이오, 마이이
너	ты	너의	твой, твоя́, твоё, твои́ 뜨보이 뜨바이아 뜨바이오 뜨바이이
그, 그것	он	그의, 그것의	его́ 이보오
그녀, 그것	она́	그녀의, 그것의	её 이이오
그것	оно́	그것의	его́ 이보오
우리	мы	우리의	наш, на́ша, на́ше, на́ши 나쉬 나쉬아 나쉬에 나쉬이
당신(들)	вы	당신(들)의	ваш, ва́ша, ва́ше, ва́ши 바쉬 바쉬아 바쉬에 바쉬이
그들, 그것들	они́	그들의, 그것들의	их 이흐
		자신의	свой, своя́, своё, свои́ 스보이 스바이아 스바이오 스바이이

2. Мо́жно посмотре́ть? 봐도 돼?

무언가를 살펴볼 때에는 '보다'라는 완료상 동사 посмотре́ть를 씁니다. 명령형인 посмотри́те는 '보세요'라는 뜻이고, 끝의 те를 뺀 посмотри́는 '봐'라는 뜻이 됩니다. (15과 명령형 참고)

3. Я еди́нственный ребёнок в сеьме́. 나는 외동이야. (가족 중 유일한 아이야.)

еди́нственный는 '유일한, 하나밖에 없는'이라는 뜻이고 ребёнок은 '아이'이고, 가족 семья́를 장소로 바꾼 в семье́를 써주면, 가족 중에 외동이라는 뜻이 됩니다.

새로 나온 단어

чей (чья, чьё, чьи) 취 누구의
фотогра́фия 파따그라아피아 사진⟨여⟩
твой (твоя́, твоё, твой) 뜨보이 너의
семья́ 씨미아 가족⟨여⟩
посмотре́ть 빠스마뜨리에쯔 보다⟨완⟩
еди́нственный 이지인스뜨빈느이 유일한
ребёнок 리비오닉 아이⟨남⟩

наш (на́ша, на́ше, на́ши) 나쉬 우리의
ваш (ва́ша, ва́ше, ва́ши) 바쉬 당신의
его́ 이보오 그의, 그를
её 이이오 그녀의, 그녀를
их 이흐 그(것)들의, 그(것)들을
свой (своя́, своё, свой) 스보이 자신의

기본회화 2

Стас : **Оля, у тебя́ есть брат и́ли сестра́?**
오올랴   우 찌비아   이에즈   브라트   이일리   씨스뜨라아

Оля : **Да, у меня́ есть сестра́.**
다   우 미니아   이에스쯔   씨스뜨라아

Стас : **Мла́дшая и́ли ста́ршая?**
믈라앗쉬아야   이일리   스따아르쉬아야

Оля : **Ста́ршая сестра́.**
스따아르쉬아야   씨스뜨라아

Стас : **Как её зову́т?**
깍   이이오 자부우트

Оля : **Её зову́т Поли́на.**
이이오 자부우트   빨리이나

Стас : **Ско́лько ей лет?**
스꼬올까   이에이 리에트

Оля : **Ей 21(два́дцать оди́н) год.**
이에이   드바아짜즈   아지인   고트

Стас : **Кто она́?**
크또   아나아

Оля : **Она́ студе́нтка.**
아나아   스뚜지엔뜨까

해석

스타스 : 올랴, 너에게 형제나 자매가 있니?
올랴 :   그래, 나에게 자매가 있어.
스타스 : 여동생이야 아니면 언니야?
올랴 :   언니야.
스타스 : 그녀의 이름은 어떻게 돼?
올랴 :   그녀 이름은 폴리나야.
스타스 : 그녀는 몇 살인데?
올랴 :   그녀는 21살이야.
스타스 : 그녀는 직업이 뭐야?
올랴 :   그녀는 대학생이야.

> Оля, у тебя́ есть брат и́ли сестра́?

> Да, у меня́ есть сестра́.

기본회화 해설

1. У тебя́ есть брат и́ли сестра́? 너에게 형제나 자매가 있니?

누군가에게 무엇이 있는지 물어볼 때는 'y 생격 есть+주어'를 씁니다. есть는 불변동사이므로 주어에 따라 변하지 않습니다.(y생격은 6과 기본회화 해설 참고) 나보다 나이가 적은지 많은지는 형용사 мла́дший와 ста́рший로 표현합니다. 여동생은 мла́дшая сестра́, 언니나 누나는 ста́ршая сестра́이고, 남동생은 мла́дший брат 오빠나 형은 ста́рший брат입니다. есть 뒤에 брат이 오면서 무성음 сть가 유성음 б와 동화되어 есть가 [이에즈]로 발음됩니다.

2. Ско́лько ей лет? 그녀는 몇 살이니?

나이를 물어볼 때는 'ско́лько 여격 лет' 구문을 씁니다. (여격 대명사는 8과, 여격 명사는 10과 문법 참고) 대답을 할 때도 역시 여격을 씁니다. 주의할 점은 숫자에 따라 결합하는 명사가 год, го́да, лет이 된다는 점입니다. 맨 끝이 1(оди́н)이면 год, 맨 끝이 2(два), 3(три), 4(четы́ре)면 го́да, 나머지는 лет입니다. 그러므로 21(два́дцать оди́н)은 год와 결합합니다. 만약 20살이라면 два́дцать лет가 됩니다. 또 하나 기억하실 점은, 사실 서로 나이를 잘 물어보지 않는다는 것입니다.

3. Кто она́? 그녀의 직업이 뭐야?

직역하면 '그녀가 누구니'라는 뜻이지만, 보통은 그 사람이 무엇을 하는지, 즉, 직업이 무엇인지, 공부하는 학생인지 등을 물어보는 표현입니다. 또한 кто는 직업을 물어볼 수도 있지만, 어느 나라 사람인지 물어볼 수도 있습니다. 좀더 정확히 하려면 뒤에 전치사구를 붙여주면 됩니다.

Кто вы по профе́ссии? 당신의 직업은 무엇입니까?   Я врач. 저는 의사입니다.

Кто вы по национа́льности? 당신의 어느 나라 사람입니까?   Я коре́ец. 저는 한국인입니다.

새로 나온 단어

брат 브라트 남자형제〈남〉

сестра́ 씨스뜨라아 여자형제, 자매, 누이〈여〉

мла́дший 믈라앗쉬이 나이가 더 어린

ста́рший 스따아르쉬이 나이가 더 많은

(1) год, (2,3,4) го́да, лет (나이) 살, 년, 해
고트   고오다 리에트

студе́нтка 스뚜지엔뜨까 여대생〈여〉

профе́ссия 쁘라피에씨야 직업〈여〉

по профе́ссии 빠 쁘라피에씨이 직업상 (по 여격)

национа́льность 나찌아날리나스쯔 민족, 국적〈여〉

по национа́льности 빠 나찌아날리나스찌
민족상, 국적상 (по 여격)

12. 이 사람들은 제 가족이에요. 115

주요표현

Tip

인원이 몇 명인지 물어볼 때 'ско́лько+생격'을 씁니다. 그래서 여기에서는 вы의 생격인 вас가 왔습니다. 대답할 때도 мы가 아니라 нас를 씁니다. (대명사 82쪽 참고)

Tip

인원을 표현할 때 '명'은 челове́к을 숫자에 따라 변화시키는데, 1명이면 оди́н челове́к, 2~4명일 때는 два, три, четы́ре челове́ка, 그다음은 다시 челове́к이라 5명은 пять челове́к입니다. 다만, 맨 끝의 숫자가 기준이므로, 22명이면 два́дцать два челове́ка입니다.

Tip

당신에게 무엇이 있느냐고 물어볼 때는 у вас есть이지만, 있는 것을 이미 알고 있을 때는 동사 есть를 생략합니다. 그런 경우 '형용사+명사'는 '명사가 형용사하다'로 해석합니다.

Ско́лько вас в семье́?

스꼬올까   바스 프 씨미에

당신 가족은 몇 명이에요? (가족 안에 당신들은 몇 명이 있나요?)

Нас в семье́ 4(четы́ре) челове́ка.

나스 프 씨미에   취뜨이레   칠라비에까

우리 가족은 4명이에요.

Нас в семье́ 3(три) челове́ка.

나스 프 씨미에   뜨리   칠라비에까

우리 가족은 3명이에요.

Нас в семье́ 5(пять) челове́к.

나스 프 씨미에   삐아쯔   칠라비엑

우리 가족은 5명이에요.

У вас есть де́ти?

우 바스 이에즈 지에찌

당신들은 아이들이 있나요?

Да, у нас есть сын и дочь.

다   우 나스   이에스쯔 쓰인 이 도오취

네, 우리는 아들과 딸이 있어요.

Они́ ещё ма́ленькие.

아니   이쒸오 마알린끼예

그들은 아직 어려요.

Они́ уже́ взро́слые.

아니   우쥐에 브즈로오슬르이예

그들은 벌써 성인이에요.

У вас больша́я семья́?

우 바즈 발쉬아야   씨미아

당신네는 대가족인가요?

Да, у нас больша́я семья́.

다   우 나즈 발쉬아야   씨미아

네, 우리는 대가족이에요.

Нас в семье́ 8(во́семь) челове́к.

I 나스 프 씨미에 보오씸 칠라비엑

우리 가족은 8명이에요.

Мой сын жена́т.

모이 쓰인 쥐나아트

제 아들은 결혼했어요.

Вы жена́ты?

브이 쥐나아뜨이

당신은(남자) 결혼했나요?

Да, я жена́т.

다 야 쥐나아트

네, 저는(남자) 결혼했어요.

Вы за́мужем?

브이 자아무쥠

당신은(여자) 결혼했나요?

Да, я за́мужем.

다 야 자아무쥠

네, 저는(여자) 결혼했어요.

Tip

남자가 결혼을 했을 때는 жена́т라는 형태를 쓰는데, 형용사 단어미 형태라 주어가 вы일 때는 жена́ты, 주어가 я, ты, он일 때는 жена́т이 됩니다. 여자가 결혼을 했을 때는 за́мужем을 쓰는데 형용사가 아닌 부사이므로 주어에 따라 바뀌지 않습니다. 만약 과거에 결혼을 했었는데 지금은 아니라면 남자는 он был жена́т, 여자는 она́ была́ за́мужем을 씁니다.

주요표현 단어

челове́к / (2,3,4) челове́ка 사람, 명
칠라비엑   칠라비에까

де́ти 지에찌 아이들, 자식들〈복〉

сын 쓰인 아들〈남〉

дочь 도오취 딸〈여〉

ма́ленький (-ая, -ое, -ие) 마알린끼 어린, 작은

(4과 형용사 참고)

взро́слый (-ая, -ое, -ые) 브즈로오슬르이 어른의, 성인의 (4과 형용사 참고)

жена́т, жена́ты 쥐나아트 쥐나아뜨이 (남자가) 결혼한 상태

за́мужем 자아무쥠 (여자가) 결혼한 상태

'보다'의 뜻을 가진 동사들

ви́деть와 уви́деть는 '보이다, 보다, 만나다'의 뜻을 가지고 있고, смотре́ть, посмотре́ть는 '보다, 시청하다, 관람하다, 살펴보다, 쳐다보다'의 뜻을 가지고 있습니다.

ви́деть (불완료)	уви́деть (완료)	смотре́ть (불완료)	посмотре́ть (완료)
현재	미래	현재	미래
я ви́жу	я уви́жу	я смотрю́	я посмотрю́
ты ви́дишь	ты уви́дишь	ты смо́тришь	ты посмо́тришь
он ви́дит	он уви́дит	он смо́трит	он посмо́трит
мы ви́дим	мы уви́дим	мы смо́трим	мы посмо́трим
вы ви́дите	вы уви́дите	вы смо́трите	вы посмо́трите
они́ ви́дят	они́ уви́дят	они́ смо́трят	они́ посмо́трят
과거 (반복, 진행, 유무)	과거 (1회, 결과)	과거 (반복, 진행, 유무)	과거 (1회, 결과)
он ви́дел	он ви́дел	он смотре́л	он посмотре́л
она́ ви́дела	она́ ви́дела	она́ смотре́ла	она́ посмотре́ла
оно́ ви́дело	оно́ ви́дело	оно́ смотре́ло	оно́ посмотре́ло
они́ ви́дели	они́ ви́дели	они́ смотре́ли	они́ посмотре́ли
명령	명령	명령 (행위 자체)	명령 (1회, 결과)
없음	없음	смотри́	посмотри́
없음	없음	смотри́те	посмотрите́

우선 현재시제를 비교해 볼게요.

Я ви́жу большо́й магази́н. 큰 가게가 보여요. (시야에 큰 가게가 들어옴)

Я смотрю́ телеви́зор. 텔레비전 봐요. (텔레비전 시청)

과거시제를 보겠습니다.

Вчера́ мы ви́дели мо́ре. 어제 우리는 바다를 보았다. (바다가 우리 시야에 들어옴, 가니까 바다가 보임)

Вчера́ мы смотре́ли фильм. 어제 우리는 영화를 보았다. (영화 시청, 관람)

불완료와 완료의 과거는 의미상의 차이가 있는데, 과거의 <u>행위</u> 유무나 행위 자체의 특성, 진행되는 <u>과정</u>, <u>반복</u>은 **불완료**로 표현하고, <u>1회성</u>, <u>결과</u>는 **완료**로 표현합니다. 이러한 차이는 좀더 러시아어에 익숙해진 후 본격적으로 연습을 하고, 여기서는 예문으로 맛보기만 해 볼게요.

Вчера́ мы смотре́ли фильм. 어제 우리는 영화를 보았다. (영화를 봤다는 행위가 있었다는 것을 서술)

Вчера́ мы посмотре́ли интере́сный фильм.

어제 우리는 재미있는 영화를 보았다. (영화를 다 본 결과 재미있었다는 것을 서술)

연습문제

1. 다음 러시아어를 읽고 해석하세요.

1) Чья это фотогра́фия? _____

2) У тебя́ есть брат и́ли сестра́? _____

3) Как её зову́т? _____

4) Нас в семье́ 4 челове́ка. _____

- чей, чья, чьё, чьй
  누구의
- в семье́ 가족 내에
- (1) челове́к,
  (2,3,4) челове́ка,
  (5~) челове́к 명

2. 다음 한국어를 보고 러시아어로 말해 보세요.

1) 봐도 돼?

_____

2) 나는 가족 중에 외동이야.

_____

3) 당신 가족은 몇 명인가요?

_____

4) 이 사람들이 내 가족이야.

_____

- ~해도 된다 мо́жно
- 외동 еди́нственный
  ребёнок
- 몇 명
  ско́лько челове́к
- 당신들 вас (생격, 정도
  나 없음을 표현할 때)

3. 숫자나 의문사 뒤에 올 적당한 형태를 괄호 안에서 고르세요.

1) 22 (год, го́да, лет)

2) 12 (год, го́да, лет)

3) 13 (челове́к, челове́ка, челове́к)

4) сколько (челове́к, челове́ка, челове́к)

4. 빈칸에 들어갈 적당한 소유형용사를 써 넣으세요.

1) _____ па́па (ты)   2) _____ семья́ (я)

3) _____ ма́ма и па́па (мы)   4) _____ брат (вы)

정답

1. 1) 이거 누구 사진이야? 2) 너는 형제나 누이가 있니? 3) 그녀 이름이 어떻게 돼? 4) 우리 가족은 4명이다.

2. 1) Мо́жно посмотре́ть? 2) Я еди́нственный ребёнок в семье́. 3) Ско́лько вас в семье́? 4) Это
моя́ семья́. 3. 1) го́да 2) лет 3) челове́к 4) челове́к 4. 1) твой 2) моя́ 3) на́ши 4) ваш

주제별 단어

가족 · 친척

де́душка 할아버지〈남〉
지에두쉬까

ба́бушка 할머니〈여〉
바아부쉬까

оте́ц 아버지〈남〉
아찌에쯔

мать 어머니〈여〉
마아쯔

сын 아들〈남〉
쓰인

дочь 딸〈여〉
도오취

внук 손자〈남〉
브눅

вну́чка 손녀〈여〉
브누우취까

роди́тели 라지이찔리 부모님〈복〉

па́па 빠아빠 아빠〈남〉

ма́ма 마아마 엄마〈여〉

муж 무쉬 남편〈남〉

жена́ 쥐나아 부인〈여〉

де́ти 지에찌 아이들, 자식들〈복〉

ребёнок 리비오낙 아이〈남〉

еди́нственный ребёнок 외동〈남〉
이지인스뜨빈느이 리비오낙

брат 브라트 남자형제〈남〉

мла́дший брат 믈라앗쉬이 브라트 남동생〈남〉

ста́рший брат 스따아르쉬이 브라트 형, 오빠〈남〉

сестра́ 씨스뜨라아 여자형제, 자매〈여〉

мла́дшая сестра́ 믈라앗쉬아야 씨스뜨라아 여동생〈여〉

ста́ршая сестра́ 스따아르쉬아야 씨스뜨라아 누나, 언니〈여〉

ро́дственник 로옷스뜨빈닉 친척〈남〉

двою́родный брат 사촌 형제〈남〉
드바이우라드느이 브라트

двою́родная сестра́ 사촌 누이〈여〉
드바이우라드냐야 씨스뜨라아

дя́дя 지아쟈 아저씨, 삼촌, 외삼촌〈남〉

тётя 찌오쨔 아주머니, 고모, 이모〈여〉

племя́нник 쁠리미안닉 남자 조카〈남〉

племя́нница 쁠리미안니짜 여자 조카〈여〉

неве́стка, сноха́ 니비에스뜨까 스나하아 며느리
(후자는 남편의 부모가, 전자는 다른 이들이 명명)〈여〉

зять 지아쯔 사위〈남〉

тесть 찌에스쯔 장인〈남〉

тёща 찌오쒸아 장모〈여〉

свекро́вь 스비끄로오프 시어머니〈여〉

свёкор 스비오까르 시아버지〈남〉

о́тчим 오옷췸 새아버지〈남〉

ма́чеха 마아쳬하 새어머니〈여〉

러시아의 가족

　예전의 러시아는 농경사회였기 때문에 19세기까지만 해도 대가족이 일반적이었지만, 소련 시대를 거치면서 많은 변화를 겪었고, 현재는 핵가족이 일반적입니다.

　소련 정부는 남녀평등을 내세우며 여성의 노동을 강조했는데요, 사실 소비에트 혁명과 2차 세계 대전으로 인한 남성 노동력의 손실을 여성을 통해 보충하기 위한 의도도 있었습니다. 2차 대전에서 다른 나라들도 물론 큰 피해를 보았지만 러시아의 피해는 정말 막심했거든요. 게다가 그 이후 내전까지 겪었으니 남성 노동력의 손실이 정말 컸습니다.

　어쨌든 남녀 평등법과 노동의 의무조항이 생기면서 여성의 무려 90%가 직업을 가지게 되었고, 이를 위해 어린 자녀들을 위한 어린이집도 적극적으로 운영하기 시작했습니다. 이렇게 국가가 주도한 정책으로 여성 취업률은 급격하게 상승했지만, 사회적 인식은 상대적으로 늦게 변하므로 소련의 여성들은 결혼 이후 직장일과 가사, 자녀 양육에 대한 책임을 혼자 떠맡으면서 큰 고충을 겪었습니다.

　소련 붕괴 이후 역할 분담도 이루어지면서 부담이 줄었다고는 하지만, 아직도 자녀 양육과 가사는 여자 쪽이 좀 더 많이 담당하고 있는 편입니다.

урок

13

Как вы отдыхаете?

당신은 어떻게 쉬어요?

 기본회화

Алексей : **Как вы отдыха́ете?**
깍   브이   앗드이하아이쩨

Хана : **Я люблю́ отдыха́ть до́ма.**
야 류블리우   앗드이하아쯔   도오마

До́ма я могу́ де́лать всё:
도오마   이아 마구우   지엘라쯔   프씨오

смотре́ть фи́льмы, чита́ть ко́миксы, спать...
스마뜨리에쯔   피일므이   취따아쯔   꼬오믹스이   스빠아쯔

Есть доста́вка еды́ на́ дом.
이에즈   디스따아프까   이드이 나아 담

Это о́чень удо́бно. А вы?
에에따 오오췬   우도오브나   아 브이

Алексей : **Я игра́ю в футбо́л. Я люблю́ футбо́л.**
야 이그라아유 프 푸드보올   야 류블리우   푸드보올

Хана : **Футбо́л? Но э́то не о́тдых.**
푸드보올   노   에에따 니   오옷드이흐

Алексей : **Для меня́ э́то о́тдых.**
들랴   미니아   에에따 오옷드이흐

해석

알렉세이: 당신은 어떻게 쉬나요?

하나: 저는 집에서 쉬는 걸 좋아해요. 집에서 저는 모든 걸 할 수 있어요; 영화도 보고, 만화책도 읽고,
        잠도 자고… 집으로 배달 서비스도 있고. 정말 편해요. 그런데 당신은요?

알렉세이: 저는 축구를 해요. 저는 축구를 좋아해요.

하나: 축구요? 하지만 이건 휴식이 아니잖아요.

알렉세이: 저한테는 이게 휴식이에요.

1. Я люблю́ отдыха́ть до́ма. 나는 집에서 쉬는 걸 좋아해.

'좋아하다, 사랑하다'라는 의미의 люби́ть 동사를 주어에 따라 변화시키고 뒤에 다른 동사의 원형을 쓰면, 동사하는 것을 좋아한다는 뜻입니다. (люби́ть의 형태변화는 5과 참고)

Что ты лю́бишь де́лать?   너는 뭘 하는 걸 좋아해?

Я люблю́ чита́ть.   나는 읽는 것을 좋아해.

2. Я могу́ де́лать всё. 나는 모든 걸 할 수 있다.

무언가를 할 수 있는 것을 표현할 때 мочь라는 조동사를 씁니다. 형태변화가 조금 특이합니다.

я могу́ 야 마구우	나는 할 수 있다	мы мо́жем 므이 모오쥠	우리는 할 수 있다
ты мо́жешь 뜨이 모오쥐쉬	너는 할 수 있다	вы мо́жете 브이 모오쥐쩨	당신(들)은 할 수 있다
он мо́жет 온 모오쥐트	그는 할 수 있다	они́ мо́гут 아니 모오구트	그들은 할 수 있다

3. Я игра́ю в футбо́л. 나는 축구를 해.

스포츠 경기나 시합을 할 때는 동사 игра́ть 뒤에 в를 쓰고 대격(5과 참고)을 쓰면 됩니다.
(я игра́ю, ты игра́ешь, он игра́ет, мы игра́ем, вы игра́ете, они́ игра́ют)

Мы ча́сто игра́ем в баскетбо́л. 우리는 자주 농구를 한다.

4. Для меня́ э́то о́тдых. 나한테는 이게 휴식이야.

전치사 для는 뒤에 생격(14과 문법 참고)을 쓰고, 뜻은 '~에게 있어서' 혹은 '~를 위해서'입니다. для меня́는 '나에게 있어서'이거나 '나를 위해서'라는 뜻입니다.

새로 나온 단어

до́ма 도오마 집에서

мочь 모취 ~할 수 있다〈불완〉

фильм 피일름 영화〈남〉

фи́льмы 피일므이 영화들〈복〉

чита́ть 취따아쯔 읽다〈불완〉

ко́миксы 꼬오믹스이 만화책〈복〉

доста́вка 다스따아프까 배달, 운송〈여〉

еда́ 이다 음식, 식사〈여〉

доста́вка еды́ 다스따아프까 이드이 음식(의) 배달〈여〉

доста́вка еды́ на́ дом 다스따아프까 이드이 나 담
　집으로 음식 배달〈여〉 (강세на)

футбо́л 푸드보올 축구〈남〉

игра́ть в футбо́л 이그라아쯔 프 푸드보올
　축구하다〈불완〉

о́тдых 오옷드이흐 휴식〈남〉

для 들랴 ~를 위해, ~에게 있어(+생격)

баскетбо́л 바스껫보올 농구〈남〉

Что ты дéлаешь в выходны́е?

쉬또 뜨이 지엘라이쉬   브 브이하드느이예

주말에 뭐해?

Ещё не знáю. У тебя́ есть план?

이쒸오 니   즈나아유 우 찌비아 이에스쯔 쁠란

아직 몰라. 너는 계획 있어?

Я знáю вкýсный рестора́н. Пойдём?

야 즈나아유 프꾸우스느이 리스따라안   빠이지옴

나 맛있는 식당 아는데. 갈까?

Хорошó. Когда́ и где встрéтимся?

하라쒸오   까그다 이 그지에 프스뜨리에찜싸

좋아. 언제 어디서 만날까?

Рестора́н нахóдится óколо стáнции Мёндон.

리스따라안   나호오지짜   오깔라   스따안찌이   묜돈

식당은 명동역 근처에 있어.

Дава́й встрéтимся у вхóда №1(нóмер оди́н) в 6(шесть) часóв вéчера.

다바아이 프스뜨리에찜싸   우 프호다   노오미르 아지인   프 쉬에스쯔

취쏘오프 비에취라

명동역 1번 입구(출구)에서 저녁 6시에 보자.

Договори́лись.

다가바리일리스

그래, 알겠어.

Договори́лись. До встрéчи!

다가바리일리스   다   프스뜨리에취

그래. 잘 가!

Что ты дéлаешь в свобóдное врéмя?

쉬또 뜨이 지엘라이쉬   프 스바보오드나예   브리에먀

너는 여가시간에 뭐 해?

Я обы́чно отдыха́ю дóма.

야 아브이취나   앗드이하아유 도오마

나는 보통 집에서 쉬어.

Я болта́ю с друзья́ми.

야 발따아유　즈 드루지이아미

나는 친구들과 수다를 떨어.

Я смотрю́ фи́льмы.

야 스마뜨리우　피일므이

나는 영화를(영화들을) 봐.

Я чита́ю кни́ги.

야 취따아유　크니이기

나는 책을(책들을) 읽어.

У меня́ ма́ло свобо́дного вре́мени.

우 미니아　마알라　스바보오드나바　브리에미니

나는 여가시간이 별로 없어.

Мне нра́вится э́та пе́сня.

므니에 느라아비짜　에에따 삐에스냐

나는 이 노래가 마음에 들어. (주어: 이 노래)

Мне нра́вятся э́ти пе́сни.

므니에 느라아비짜　에에찌 삐에스니

나는 이 노래들이 마음에 들어. (주어: 이 노래들)

Tip

свобо́дное вре́мя는 '여가시간'이라는 뜻이고 앞에 전치사 в를 붙이면 '여가시간에'라는 뜻이 됩니다. свобо́дного вре́мени는 생격의 형태인데, 러시아어에서는 어떤 대상이 많거나, 적거나, 없으면 생격을 씁니다. 여가시간이 적기 때문에 생격이 왔습니다. (16과 참고)

Tip

фи́льмы와 кни́ги와 пе́сни 모두 명사의 복수 형태로, 원래 형태는 фильм, кни́га, пе́сня입니다. 명사의 복수는 문법이야기를 참고해 주세요.

주요표현 단어

в выходны́е 브 브이하드느이예 주말에, 휴일들에

план 쁠란 계획〈남〉

вку́сный 프꾸우스느이 맛있는

(мы) пойдём 빠이지옴 (우리) 갈 것이다, 갈까
　(원형 пойти́, 131쪽)〈완〉

встре́титься 프스뜨리에찌짜 (약속하고) 만나다〈완〉

ста́нция 스따안찌야 (전철)역〈여〉

о́коло ста́нции 오깔라 스따안찌이 (전철)역 근처에

вход 프호트 입구〈남〉

у вхо́да 우 프호다 입구 가까이에

дава́й 다바아이 ~하자

договори́лись 다가바리일리스 합의했다, 알겠다

встре́ча 프스뜨리에취아 만남〈여〉

до встре́чи 다 프스뜨리에취
　또 만나자, 잘 가, 잘 있어

свобо́дное вре́мя 스바보오드나예 브리에먀
　여가시간, 자유시간〈중〉

в свобо́дное вре́мя 프 스바보오드나예 브리에먀
　여가시간에

ма́ло свобо́дного вре́мени
　마알라 스바보오드나바 브리에미니 여가시간이 적다

болта́ть 발따아쯔 수다떨다, 잡담하다〈불완〉

друзья́ 드루지이아 친구들〈복, 예외〉

с друзья́ми 즈 드루지이아미 친구들과 (조격 복수)

кни́га 크니이가 책〈여〉

пе́сня 삐에스냐 노래〈여〉

문법이야기

명사의 복수

항상 그렇듯 러시아어 명사는 맨 끝부분이 변하므로, 그 부분을 주의해서 보세요.

	단수 주격(1격)	복수 주격(1격)
남성명사 -ы, -и	фильм 영화	фи́льмы 영화들
	музе́й 박물관	музе́и 박물관들
	слова́рь 사전	словари́ 사전들
여성명사 -ы, -и	ка́рта 지도, 카드	ка́рты 지도들, 카드들
	пе́сня 노래	пе́сни 노래들
	пло́щадь 광장	пло́щади 광장들
중성명사 -а, -я, -мена	сло́во 단어	слова́ 단어들, 말, 이야기
	зда́ние 건물	зда́ния 건물들
	и́мя 이름	имена́ 이름들

1) 남성명사가 자음으로 끝나면 ы를 붙여주고 여성명사가 -a로 끝나면 -ы로 바꿔줍니다.

2) 남성명사나 여성명사가 й, ь, я로 끝나면 и로 바꿔줍니다.

3) 중성명사가 о로 끝나면 а로 바꿔주고 е로 끝나면 я로 바꿔줍니다.
   특수형태인 мя로 끝나는 중성명사는 мена로 바꿔줍니다.

4) к, г, х, ш, щ, ж, ч는 ы와 결합할 수 없으므로, 1)의 경우에 ы를 и로 바꿔줍니다.

   сок 주스   со́ки 주스들
   врач 의사   врачи́ 의사들
   кни́га 책   кни́ги 책들

5) 모음 탈락(оте́ц), 자모 추가(мать, дочь)

   оте́ц 아버지   отцы́ 아버지들
   мать 어머니   ма́тери 어머니들

6) 불규칙 명사는 복수명사를 따로 외워주세요.

   друг 친구   друзья́ 친구들   брат 형제   бра́тья 형제들
   глаз 눈(eye)   глаза́ 눈들(eyes)   челове́к 사람   лю́ди 사람들
   ребёнок 아이   де́ти 아이들   я́блоко 사과   я́блоки 사과들

연습문제

1. 다음 러시아어를 읽고 해석하세요.

1) Как вы отдыхáете? _____

2) Я люблю́ отдыхáть дóма. _____

3) Договори́лись. _____

4) Мне нрáвится э́та пéсня. _____

note

• отдыхáть
  쉬다
• нрáвиться
  (주어가 여격의) 마음에
  들다
• пéсня 노래

2. 다음 한국어를 보고 러시아어로 말해보세요.

1) 나 맛있는 식당 아는데, 갈까?

_____

2) 언제 어디서 만날까?

_____

3) 집에서 저는 모든 걸 할 수 있어요.

_____

4) 저한테는 이게 휴식이에요.

_____

• 맛있는 식당
  вку́сный рестора́н
• (우리는) 만날 것이다
  (мы) встре́тимся
• 나는 할 수 있다
  я могу́
• 나에게 있어, 나를 위해
  для меня́

3. 주어진 단어를 복수로 바꾸세요.

1) кни́га _____   2) пéсня _____

3) журнáл _____   4) врач _____

• 남성과 여성의 복수는 끝
  이 ы나 и, 중성의 복수는
  а나 я나 мена이다.

4. 동사 мочь를 주어에 따라 현재변화 시키세요.

1) вы _____   2) ты _____

3) я _____   4) друзья́ _____

• друзья́ 친구들

정답

1. 1) 당신은 어떻게 쉬세요?   2) 저는 집에서 쉬는 걸 좋아해요.   3) 알겠어(합의했다).   4) 저는 이 노래가 마음에 들어요.   2. 1) Я зна́ю вку́сный рестора́н. Пойдём?   2) Когда́ и где встре́тимся?   3) Дóма я могу́ дéлать всё.   4) Для меня́ э́то о́тдых.   3. 1) кни́ги   2) пéсни   3) журнáлы   4) врачи́
4. 1) мóжете   2) мóжешь   3) могу́   4) мóгут

주제별 단어

취미

смотре́ть кино́
스마뜨리에쯔 끼노오
영화 감상하다〈불완〉

слу́шать му́зыку
슬루쉬아쯔 무우즈이꾸
음악 감상하다〈불완〉

чте́ние 독서〈중〉
취찌에니예

рисова́ние
리싸바아니예
그림 그리기〈중〉

пла́вание 수영〈중〉
쁠라아바니예

ката́ние на лы́жах
까따아니예 나 르이쥐아흐
스키 타기〈중〉

рыба́лка 낚시하기〈여〉
르이바알까

похо́д в го́ры 등산〈남〉
빠호트 브 고르이

кино́ 끼노오 영화(장르), 영화관〈불변, 중〉

спекта́кль 스뻭따아끌 연극, 공연〈남〉

мю́зикл 미우지끌 뮤지컬〈남〉

о́пера 오오뻬라 오페라〈여〉

бале́т 발리에트 발레〈남〉

цирк 쯔이르크 서커스〈남〉

та́нец 따아니쯔 춤〈남〉

пе́сня 삐에스냐 노래〈여〉

фотогра́фия 파따그라아피야 사진〈여〉

компью́терная игра́ 컴퓨터 게임〈여〉
깜삐우떼르나야 이그라아

по́иск в Интерне́те 인터넷 검색〈남〉
뽀이스크 브 인떼르니에쩨

гото́вка 가또오프까 요리〈여〉

поку́пки 빠꾸웁끼 쇼핑〈복〉

охо́та 아호오따 사냥〈여〉

путеше́ствие 뿌찌쉬에스뜨비예 여행〈중〉

йо́га 이오가 요가〈여〉

спорт 스뽀오르뜨 스포츠〈남〉

футбо́л 푸드보올 축구〈남〉

бейсбо́л 비즈보올 야구〈남〉

баскетбо́л 바스낏보올 농구〈남〉

волейбо́л 발리보올 배구〈남〉

гольф 고올프 골프〈남〉

те́ннис 떼에니스 테니스〈남〉

пинг-по́нг 삥뽀옹 탁구〈남〉

хокке́й 하끼에이 하키〈남〉

фигу́рное ката́ние 피겨스케이팅〈중〉
피구우르나예 까따아니예

шо́рт-трек 쉬오르뜨 뜨렉 쇼트트랙〈남〉

похо́д за гриба́ми 버섯 따기〈남〉
빠호트 자 그리바아미

러시아 엿보기

러시아인의 여가생활

러시아의 여가에서 빼놓을 수 없는 것이 바로 공연관람입니다. 추워지기 시작하는 10월부터 소위 '공연시즌'이 시작되는데 극장들마다 다양한 발레, 오페라, 연극들을 상연합니다. 대부분 유치원이나 학교에서 가는 단체관람이나, 가족들과 함께 극장과 박물관에 다니는 것을 통해 공연과 전시문화를 자연스럽게 접합니다.

봄에는 '다차'라고 불리는 별장 겸 주말농장에서 텃밭을 일구며 시간을 보냅니다. 여름과 가을에는 버섯을 따러 숲으로 가거나, 낚시나 사냥을 하고, 도보여행을 가기도 합니다. 겨울에는 스키나 썰매, 하키, 스케이트 같은 스포츠를 즐깁니다. 기본적으로 걷는 문화가 생활화되어 있어 날씨가 좋을 때는 산책하는 것도 즐깁니다.

스포츠 중 가장 인기 있는 종목은 축구이며, 체스 또한 대표적인 오락거리 중 하나입니다. 최근 몇 년 급속히 발전한 IT환경 덕분에 온라인 게임과 소셜 네트워크 활동도 매우 활발해졌습니다. 서커스 또한 러시아인들이 여가를 보내는 오락 중의 하나인데, 1920년대 서커스 학교가 세워진 이후 러시아를 대표하는 공연예술 중 하나가 되었습니다.

러시아식 사우나인 바냐도 빠질 수 없는데, 뜨겁게 달궈진 러시아식 난로 페치카에 물을 부어 생기는 수증기를 이용하는 방식의 사우나입니다. 자작나무나 참나무 가지로 만든 베닉으로 마사지를 받은 뒤, 땀투성이가 된 사람은 바로 얼음 구덩이에 들어가서 열기를 식히며, 도시에서는 냉탕에 입수하는 것으로 대신합니다. 시베리아의 한 유치원은 21년째 이를 응용한 체력단련을 하고 있는데, 영하 25도 아래로 떨어지는 날씨나 칼바람이 부는 날이 아니라면, 매일 야외에서 물을 뒤집어쓴 뒤 바냐의 한증막에 들어가는 것으로 건강을 지키고 있다고 합니다.

урок

14

У меня нет аппетита.
나 입맛이 없어.

기본회화

Дима : **Что с тобо́й? Почему́ ты не ешь?**
쉬또   스 따보오이   빠취무우   뜨이 니 이에쉬

Таня : **У меня́ нет аппети́та.**
우 미니아   니에트 아삐찌이따

Дима : **Ой, у тебя́ высо́кая температу́ра.**
오이   우 찌비아   브이쏘오까야   찜뼤라뚜우라

Тебе́ на́до пойти́ в больни́цу.
찌비에   나아다   빠이찌이   브 발니이쭈

Таня : **Мне стра́шно.**
므니에   스쁘라아쉬나

Дима : **Я пойду́ с тобо́й.**
이아 빠이두우   스 따보오이

Таня : **Пра́вда? Спаси́бо большо́е.**
쁘라아브다   스빠씨이바   발쉬오예

Дима : **Пойдём пря́мо сейча́с.**
빠이지옴   쁘리아마   씨취아스

디마: 너 무슨 일이야? 왜 안 먹어?
타냐: 나 입맛이 없어.
디마: 앗, 너 열이 높아.
　　　너 병원 가야겠다.
타냐: 나 무서워.
디마: 내가 너랑 같이 갈게.
타냐: 진짜? 정말 고마워.
디마: 지금 당장 가자.

기본회화 해설

1. Что с тобóй? 너 무슨 일이야?

누군가에게 무슨 일이 있는지 물어볼 때는 'что с 조격'을 씁니다. 원래 문장은 Что случи́лось с тобóй? '너한테 무슨 일이 생겼니?'인데, '발생했다'는 의미의 동사 과거 중성형태 случи́лось[슬루취일라스]를 종종 생략합니다. '당신 무슨 일이에요?'라고 한다면 Что с вáми?라고 물어보면 됩니다.

2. Почемý ты не ешь? 너 왜 안 먹니?

'먹다'라는 동사의 원형은 есть입니다. '있다'의 뜻으로 쓰일 때는 불변이고, 단독으로만 쓰입니다. '먹다'의 뜻일 때는 주어에 따라 변하는데, 1식도 2식도 아닌 불규칙이므로 따로 기억해두셔야 합니다.

я	ем 이엠	мы	еди́м 이지임
ты	ешь 이에쉬	вы	еди́те 이지이쩨
он	ест 이에스트	они́	едя́т 이지아트

명령형은 ты일 때와 형태와 같은 ешь로 '먹어'라는 뜻이고, '드세요'는 éшьте입니다.

3. Тебé нáдо пойти́ в больни́цу. 너는 병원에 가야 해.

무언가를 해야 한다는 '의무'를 표현할 때는 '여격+нáдо+동사원형' 구문을 씁니다. нáдо 자리에 대신 нýжно[누우지나]를 써도 됩니다. пойти́와 идти́는 같은 뜻으로 идти́는 불완료상, пойти́는 완료상입니다. (불완료, 완료 118쪽 참고) 지금 병원에 가야 한다는 구체적인 1번의 상황을 표현하므로 완료상인 пойти́가 쓰였고, 완료상이므로 주어에 따라 변하면 미래 시제입니다. (я пойдý, ты пойдёшь, он пойдёт, мы пойдём, вы пойдёте, они́ пойдýт) 병원은 больни́ца인데 '병원으로'라는 방향을 표현할 때는 전치사 'в+대격'을 써서 в больни́цу가 되었습니다. (대격 5과 참고)

새로 나온 단어

что случи́лось с 조격 쉬또 슬루취일라스
　(조격에게) 무슨 일이 생겼나

почемý 빠취무우 왜, 어째서

есть 이에스쯔 먹다〈불완〉, 있다〈불변. 불완〉

аппети́т 아뻬찌이트 입맛〈남〉

нет аппети́та 니에트 아뻬찌이따 입맛이 없다
　(없는 대상 생격. 문법 참고)

ой 오이 앗 (감탄사)

высóкий 브이쏘끼 높은

температýра 찜뻬라뚜우라 온도〈여〉

нáдо / нýжно 나아다 / 누우쥐나
　(여격이 동사) 해야 한다

пойти́ 빠이찌이 가다, 오다〈완〉

больни́ца 발니이짜 병원〈여〉

стрáшно 스뜨라아쉬나 (상황이 여격에게) 무섭다

прямо сейчáс 쁘리아마 씨취아스 지금 당장

14. 나 입맛이 없어. 131

주요표현

Tip

'아프다'는 뜻의 боле́ть는 주어가 단수일 때 боли́т, 복수일 때 боля́т인 2식 동사이고, 사람을 주어로 쓰지 않습니다. 아픈 사람은 у 생격으로 표현합니다. '무엇'이라는 뜻의 что는 중성 단수로 취급하므로 боли́т이 왔습니다.

Tip

특정 부위가 아프다고 하거나, 그냥 아프다는 표현은 부사 бо́льно를 쓰면 됩니다.

Tip

고열이나 감기, 독감 등의 증상이나 질병은 'у 생격+병명 혹은 증상'으로 표현합니다.

Что у вас боли́т?
쉬또 우 바즈 발리이트
당신 어디가 아프세요?

У меня́ боли́т голова́.
우 미니아 발리이트 갈라바아
저는 머리가 아파요.

У меня́ боли́т живо́т.
우 미니아 발리이트 쥐보오트
저는 배가 아파요.

У меня́ боли́т го́рло.
우 미니아 발리이트 고오를라
저는 목이(목구멍이) 아파요.

У меня́ боля́т глаза́.
우 미니아 발리아트 글라자아
저는 눈이(눈들이) 아파요.

У неё боля́т ру́ки.
우 니이오 발리아트 루우끼
그녀는 팔이(팔들이) 아파요.

У него́ боля́т но́ги
우 니보오 발리아트 노오기
그는 다리가(다리들이) 아파요.

Здесь о́чень бо́льно.
즈지에스 오오친 보올나
여기가 아주 아프네요.

У тебя́ просту́да.
우 찌비아 쁘라스뚜우다
너 감기 걸렸구나.

У вас грипп.
우 바즈 그립
당신은 독감에 걸렸습니다.

Тебе́ на́до отдыха́ть.

찌비에 나아다 앗드이하아쯔

너는 쉬어야 해.

Как вы себя́ чу́вствуете?

깍 브이 씨비아 취우스뜨부이쩨

당신은 컨디션이 어떠신가요?

Как ты себя́ чу́вствуешь?

깍 뜨이 씨비아 취우스뜨부이쉬

너는 컨디션이 좀 어때?

Я чу́вствую себя́ хорошо́.

야 취우스뜨부유 씨비아 하라쉬오

나는 컨디션이 좋아.

Я чу́вствую себя́ лу́чше.

야 취우스뜨부유 씨비아 루웃쉬에

나는 컨디션이 더 좋아졌어.

Я чу́вствую себя́ пло́хо.

야 취우스뜨부유 씨비아 쁠로오하

나는 컨디션이 나빠.

Tip

몸의 컨디션을 물어볼 때, 'как 주어 себя́+чу́вствовать' 구문을 씁니다.

동사 чу́вствовать는 ова를 у로 바꿉니다. (я чу́вствую, ты чу́вствуешь, он чу́вствует, мы чу́вствуем, вы чу́вствуете, они чу́вствуют) 대답할 때는 '주어+чу́вствовать себя́+부사'를 쓰고, чу́вствовать에서 чу 뒤에 오는 в는 묵음으로 발음되지 않습니다.

주요표현 단어

боли́т 발리이트 (주어: 사물 단수) 아프다

　(원형 боле́ть)〈불완〉

боля́т 발리아트 (주어: 사물 복수) 아프다

　(원형 боле́ть)〈불완〉

голова́ 갈라바아 머리〈여〉

живо́т 쥐보오트 배〈남〉

го́рло 고오를라 목, 목구멍〈중〉

глаз 글라스 눈〈남〉

глаза́ 글라자아 눈들 (126쪽 참고)〈복〉

рука́ 루까아 손, 팔〈여〉

нога́ 나가아 발, 다리〈여〉

бо́льно 보올나 아프게, 아프다

просту́да 쁘라스뚜우다 감기〈여〉

грипп 그립 독감〈남〉

чу́вствовать себя́ 취우스뜨바바쯔 씨비아

　컨디션이 ～하다

пло́хо 쁠로오하 나쁘게, 나쁘다

문법이야기

명사의 생격

많거나 적은 양을 표현하거나, 없는 대상을 표현할 때 생격을 쓰며, 명사가 명사를 뒤에서 수식할 때도 쓰입니다. (нóмер телефóна 전화의 번호, телефóна는 телефóн의 생격)

전치사 중에서도 생격을 쓰는 전치사가 가장 많은데, 예를 들면 у, óколо, для, до 등입니다.

	주격(1격)	нет 생격(2격)	для, óколо, у 생격
	кто 누구	нет когó 누가 없다	для когó 누구를 위해
	что 무엇	нет чегó 무엇이 없다	óколо чегó 무엇의 근처에
			у когó 누구한테 (소유)
			у чегó 무엇의 아주 가까이에
남성명사 -а, -я	вход 입구	нет вхóда 입구가 없다	у вхóда 입구에 (아주 가까이)
	музéй 박물관	нет музéя 박물관이 없다	óколо музéя 박물관 근처에
	учи́тель 선생님	нет учи́теля 선생님이 없다	для учи́теля 선생님을 위해
	пáпа 아빠	нет пáпы 아빠가 없다	у пáпы 아빠한테 (소유)
여성명사 -ы, -и	мáма 엄마	нет мáмы 엄마가 없다	для мáмы 엄마를 위해
	бáбушка 할머니	нет бáбушки 할머니가 없다	для бáбушки 할머니를 위해
	стáнция 전철역	нет стáнции 전철역이 없다	óколо стáнции 전철역 근처에
	тетрáдь 공책	нет тетрáди 공책이 없다	для тетрáди 공책을 위해
중성명사 -а, -я, -мени	я́блоко 사과	нет я́блока 사과가 없다	для я́блока 사과를 위해
	мóре 바다	нет мóря 바다가 없다	для мóря 바다를 위해
	врéмя 시간	нет врéмени 시간이 없다	для врéмени 시간을 위해

1) 남성명사는 자음으로 끝나면 a를 붙이고 й나 ь로 끝나면 я로 바꿔줍니다.

2) 여성명사는 а로 끝나면 ы로 바꾸고, я나 ь로 끝나면 и로 바꿔줍니다.

3) к, г, х, ш, щ, ж, ч는 ы와 결합하지 못하므로 и로 바꿔줍니다. (удáча 행운 → удáчи)

4) 남성명사 중에서 -а나 -я로 끝나면 여성명사처럼 바꿔줍니다.

5) 중성명사는 о로 끝나면 а로 바꾸고, е로 끝나면 я로, мя로 끝나면 мени로 바꿔줍니다.

6) 모음 탈락(отéц, день), 자모 추가(мать, дочь)

    отéц 아버지 → отцá (불안정모음 е 탈락)   день 날 → дня (불안정모음 е 탈락)

    мать 어머니 → мáтери (ер 추가)   дочь 딸 → дóчери (ер 추가)

7) у+대명사 생격 (3인칭에서 н 추가): 소유, 일정, 장소

    у меня́ 나한테   у тебя́ 너한테   у негó 그한테   у неё 그녀한테

    у нас 우리한테   у вас 당신(들)한테   у них 그들한테   у себя́ 자신한테

연습문제

1. 다음 러시아어를 읽고 해석하세요.

1) Как вы себя́ чу́вствуете? _____

2) Что у вас боли́т? _____

3) Вам на́до пойти́ в больни́цу. _____

4) Тебе́ на́до отдыха́ть. _____

2. 다음 한국어를 보고 러시아어로 말해보세요.

1) 나 입맛이 없어.

_____

2) 저는 머리가 아파요.

_____

3) 나 무서워.

_____

4) 나는 컨디션이 좋아.

_____

3. 주어진 단어를 생격으로 바꾸세요.

1) телефо́н _____   2) вре́мя _____

3) учи́тель _____   4) день _____

4. '먹다'라는 뜻의 동사 **есть**를 주어에 따라 현재변화 시키세요.

1) ты _____   2) я _____

3) вы _____   4) они́ _____

note

- себя́ чу́вствовать
  자신을(몸, 기분 등) 느끼다, 컨디션
- боли́т, боля́т
  (사물 주어) 아프다
- в больни́цу 병원으로

- 없다 нет
  (없는 대상은 생격)
- 입맛 аппети́т
- 머리 голова́
- 무섭다(여격)
  стра́шно

- 남성: a, я
  여성: ы, и
  중성: a, я, мена

정답

1. 1) 당신은 컨디션이 어떠신가요?   2) 당신 어디가 아프세요?   3) 당신은 병원에 가야 해요
4) 너는 쉬어야 해.   2. 1) У меня́ нет аппети́та.   2) У меня́ боли́т голова́.   3) Мне стра́шно.
4) Я чу́вствую себя́ хорошо́.   3. 1) телефо́на   2) вре́мени   3) учи́теля   4) дня   4. 1) ешь
2) ем   3) еди́те   4) едя́т

주제별 단어

신체

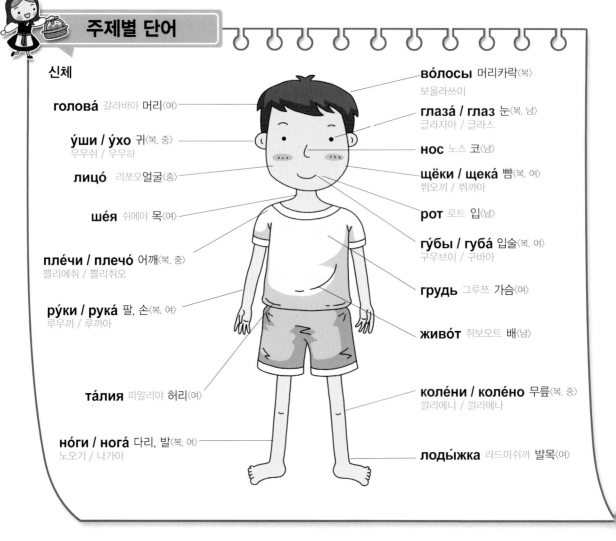

волосы 머리카락〈복〉
보올라쓰이

голова́ 갈라바아 머리〈여〉

глаза́ / глаз 눈〈복. 남〉
글라자아 / 글라스

у́ши / у́хо 귀〈복. 중〉
우우쉬 / 우우하

нос 노스 코〈남〉

лицо́ 리쪼오 얼굴〈중〉

щёки / щека́ 뺨〈복. 여〉
쒸오끼 / 쒸까아

ше́я 쉬에야 목〈여〉

рот 로트 입〈남〉

пле́чи / плечо́ 어깨〈복. 중〉
쁠리에취 / 쁠리취오

гу́бы / губа́ 입술〈복. 여〉
구우브이 / 구바아

ру́ки / рука́ 팔, 손〈복. 여〉
루우끼 / 루까아

грудь 그루쯔 가슴〈여〉

живо́т 쥐보오트 배〈남〉

та́лия 따알리야 허리〈여〉

коле́ни / коле́но 무릎〈복. 중〉
깔리에니 / 깔리에나

но́ги / нога́ 다리, 발〈복. 여〉
노오기 / 나가아

лоды́жка 라드이쉬까 발목〈여〉

лоб 롭 이마〈남〉

запя́стье 자삐아스찌예 손목〈중〉

бро́ви / бровь 브로오비 / 브로프 눈썹〈복. 여〉

пе́чень 삐에췬 간〈여〉

усы́ 우쓰이 콧수염〈복〉

се́рдце 씨에르쩨 심장〈중〉

борода́ 바라다아 턱수염〈여〉

желу́док 질루우닥 위〈남〉

зу́бы / зуб 주우브이 / 줍 이〈복. 남〉

лёгкие / лёгкое 리오흐끼예 / 리오흐까예 폐〈복. 중〉

язы́к 이즈익 혀〈남〉

по́чки / по́чка 뽀오취끼 / 뽀오취까 신장〈복. 여〉

го́рло 고오를라 목구멍〈중〉

ко́жа 꼬오쥐아 피부〈여〉

па́льцы / па́лец 손가락, 발가락〈복. 남〉
빠알쯔이 / 빠알리쯔

кость 꼬스쯔 뼈〈여〉

ко́гти / ко́готь 꼬오크찌 / 꼬오가쯔 손톱, 발톱〈복. 남〉

суста́в 쑤스따아프 관절〈남〉

ло́коть 로오까쯔 팔꿈치〈남〉

кровь 끄로프 피〈여〉

пя́тка 삐아뜨까 발뒤꿈치〈여〉

пот 뽀트 땀〈남〉

я́годицы 이아가지쯔이 엉덩이〈복〉

слёзы / слеза́ 슬리오즈이 / 슬리자아 눈물〈복. 여〉

те́ло 찌엘라 몸, 신체〈중〉

젬스키 닥터

러시아를 여행하다 보면 정말 흔하게 볼 수 있는 간판이 약국(аптéка)입니다. 약국은 정말 많은데 제대로 된 의료진과 시설을 갖춘 병원은 인구에 비해 많은 편이 아니며, 도시가 아닌 시골의 사정은 더욱 열악합니다. 그런데 이러한 시골의 상황도 조금씩 변하고 있다고 합니다. 바로 젬스키 닥터라는 프로그램 덕분입니다.

젬스키 닥터(Зéмский дóктор)는 러시아 정부가 2012년부터 시행하고 있는 프로그램으로, 시골의 의료진 부족과, 의대 졸업 후 직장을 구하지 못한 많은 이들의 실업 문제를 동시에 해결하기 위한 목적으로 만들어졌습니다. 젊은 전문가들의 시골 이주를 촉진하려는 목적도 있다고 합니다. 이 프로그램은 초반부터 상당한 관심을 불러일으켰는데, 지원자들이 정부에서 일시불로 받는 이주 지원금이 100만 루블(2018년 기준 약 1,700만 원)이나 되기 때문이죠. 이 프로그램으로 시골로 간 의사들은 최소 5년 간 그 지역에서 근무해야 하고, 만약 계약된 5년을 채우지 못하면, 일하지 못한 날짜만큼 산정하여 지원금을 정부에 반납해야 합니다. 또한, 이주를 지원하는 목적의 돈이므로 집이나 땅을 사거나 집을 건설하는 용도로 쓰여야 하고, 도시로 돌아올 때도 반납해야 한다고 하네요.

2018년 기준으로 약 2만 명의 의사가 시골 지역으로 향했고, 그 중 15%는 여러 사정으로 인해 돌아왔다고 합니다. 아직 많은 문제들이 있지만, 상당히 많은 부분에서 성과를 거두고 있다고 평가되고 있어, 더 확대되는 추세입니다. 근무지역에 시골뿐 아니라 소도시도 추가되었고, 지원 가능 연령도 35세에서 45세로 올라갔으며, 기간도 2020년까지 연장되었습니다.

Урок 15

Помогите, пожалуйста.

도와주세요.

기본회화

Егор : **Что ты и́щешь?**
쉬또　뜨이　이이쒸쉬

Зина : **Мой кошелёк. Ты случа́йно его́ не ви́дел?**
모이　까쉴리옥　　뜨이　슬루취아이나　　이보오 니　비이질

Егор : **Ты его́ потеря́ла? Что там есть?**
뜨이　이보오 빠찌리알라　　쉬또　땀　이에스쯔

Зина : **Креди́тная ка́рта, па́спорт, немно́го де́нег...**
끄리지이뜨나야　　까아르따　빠아스빠르트　님노오가　지에닉

Егор : **Что? Позвони́ в банк и в посо́льство. Пря́мо сейча́с!**
쉬또　빠즈바니　브 바안끄　이 프 빠쏘올스뜨바　쁘리아마　씨취아스

Зина : **Ой, поня́тно. Алло́! Коре́йское посо́льство?**
오이　빠니아뜨나　알로오　까리에이스까예　빠쏘올스뜨바

Работник
посольства : **Да, слу́шаю вас.**
다　슬루우쉬아유　바스

Зина : **Пожа́луйста, помоги́те...**
빠쥐아알스따　　빠마기이쩨

해석

에고르:	너 뭐 찾아?
지나:	내 지갑. 너 혹시 그거 못 봤어?
에고르:	너 그거 잃어버렸어? 거기 뭐 있는데?
지나:	신용카드, 여권, 돈 조금…
에고르:	뭐라고? 은행하고 대사관에 전화해.
	지금 당장!
지나:	아, 알았어! 여보세요! 한국 대사관이죠?
대사관 직원:	네, 말씀하세요. (듣고 있어요)
지나:	좀 도와주세요…

기본회화 해설

1. Что ты и́щешь? 너 뭐 찾고 있어?

и́щешь의 원형은 иска́ть로 무언가를 '찾다'라는 뜻이고, 찾는 과정만을 의미합니다. 이 동사는 주어에 따라 변할 때 자음교체가 있는데 ск가 щ로 교체되는 1식 변형동사입니다. (я ищу́, ты и́щешь, он и́щет, мы и́щем, вы и́щете, они́ и́щут) 찾아냈다면 '발견하다'라는 완료상 동사 найти́의 과거인 Я нашёл(нашла́)[나쉬올(나쉴라)]을 씁니다.

2. Ты случа́йно его́ не ви́дел? 너 혹시 그것을(남성명사) 못 봤니?

случа́йно는 '우연히', '혹시'라는 뜻이며, 그 뒤에 오는 его́는 он의 대격으로 앞에 나온 кошелёк을 받습니다. 사물이라도 남성명사는 он이며 그 대격은 его́이기 때문이죠. 동사 ви́деть는 12과 문법에 나왔는데, 본 적이 있는지를 물어보는 표현입니다. 상대방인 ты는 남자일 수도 있고 여자일 수도 있는데, 여기서는 상대방이 남자여서 ви́дел이 되었고, 여자라면 ви́дела[비이질라]가 됩니다. 그 다음 문장의 потеря́л도 상대방이 여자라면 потеря́ла[빠찌리알라]가 됩니다.

3. Слу́шаю вас. 말씀하세요. (나는 당신의 말을 듣고 있다)

전화를 걸었을 때 상대방이 Я слу́шаю вас, Я вас слу́шаю, Слу́шаю вас, Слу́шаю 등의 표현을 할 수 있는데, 모두 같은 표현으로 내가 당신을(당신의 말을) 듣고 있으니 얘기하라는 뜻입니다. '듣다'라는 의미의 동사 слу́шать의 주어가 я이므로 слу́шаю가 되었습니다.
(я слу́шаю, ты слу́шаешь, он слу́шает, мы слу́шаем, вы слу́шаете, они́ слу́шают)

새로 나온 단어

иска́ть 이스까아쯔 찾아보다〈불완〉
кошелёк 까쉴리옥 지갑〈남〉
случа́йно 슬루취아이나 혹시, 우연히
ви́деть 비이지쯔 보다, 보이다〈불완〉
потеря́ть 빠찌리아쯔 잃어버리다〈완〉
креди́тная ка́рта 끄리지이뜨나야 까아르따 신용카드〈여〉
па́спорт 빠아스빠르트 여권〈남〉
де́ньги 지엔기 돈〈복〉
немно́го де́нег 님노오가 지에닉 조금의 돈(정도 생각)

позвони́ть 빠즈바니이쯔 전화하다〈완〉
позвони́ 빠즈바니 전화해(1회) (142쪽)
посо́льство 빠쏘올스뜨바 대사관〈중〉
коре́йский 까리에이스끼 한국의
слу́шать 슬루우쉬아쯔 듣다〈불완〉
помо́чь 빠모오취 돕다〈완〉
помоги́те 빠마기이쩨 도와주세요(1회) (142쪽)
найти́ 나이찌이 찾아내다, 발견하다〈완〉
нашёл, нашла́ 나쉬올 나쉴라 찾아냈다〈남, 여〉

У меня́ пробле́ма.
우 미니아   쁘라블리에마
저 문제 생겼어요.

Я потеря́л(а) па́спорт.
야 빠찌리알(라)   빠아스빠르트
저 여권 잃어버렸어요.

Я потеря́л(а) ключ от но́мера.
야 빠찌리알(라)   끌리우취 앗 노오미라
제가 객실 열쇠를 잃어버렸어요.

Я забы́л(а) биле́т до́ма.
야 자브일(라)   빌리에트 도마
저 티켓을 집에 두고 왔어요.

Я забы́л(а) кошелёк до́ма.
야 자브일(라)   까쉴리옥   도마
저 지갑을 집에 두고 왔어요.

У меня́ укра́ли колешёк.
우 미니아   우끄라알리 까쉴리옥
제 지갑을 도둑맞았어요. (저한테서 지갑을 훔쳐갔어요.)

Я не зна́ю, где я нахожу́сь.
야 니   즈나아유 그지에 야 나하쥐우스
제가 어디에 있는지 모르겠어요.

Позвони́те сюда́.
빠즈바니이쩨   쓔다아
여기로 전화해 주세요.

Мо́жно отсю́да позвони́ть?
모오쥐나   앗씨우다   빠즈바니이쯔
여기 전화 좀 써도 될까요?

Откро́йте дверь, пожа́луйста.
앗끄로오이쩨 드비에르   빠쥐아알스따
문 좀 열어주세요.

Tip

потеря́ть는 물리적으로 잃어 버린 것이고, забы́ть는 잊어버린 것을 뜻합니다. забы́ть 동사 뒤에 사물 대격을 쓰고 장소를 쓰면, 깜빡하고 사물을 그 장소에 두고 왔다는 뜻입니다.

Tip

укра́ли는 '훔치다'라는 뜻의 укра́сть의 과거로, 주어 они가 생략된 형태인데, 이렇게 쓰면 불특정 주어를 의미합니다. 내 소유의 지갑을 훔쳐갔으니 у меня́를 씁니다. 동사 과거는 ть를 빼고 л, ла, ло, ли를 붙이는데, сть로 끝나는 동사는 сть를 빼고 л, ла, ло, ли를 붙여줍니다.

Tip

мо́жно позвони́ть는 구체적인 1번의 상황에서 전화해도 되느냐고 물어보는 표현인데, '여기로부터'라는 의미의 отсю́да를 쓰면, 여기에서부터 다른 곳으로 전화를 한다는 뜻입니다.

Лифт не рабо́тает.

리프트 니 라보오따이트

엘리베이터가 작동되지 않아요.

Пожа́р!

빠쥐아르

불이야!

Кто-нибу́дь зна́ет коре́йский язы́к?

크또 니부우쯔 즈나아이트 까리에이스끼 이즈익

한국어 아시는 분 계세요? (누구라도 한국어 아시나요?)

Кто-нибу́дь зна́ет англи́йский язы́к?

크또 니부우쯔 즈나아이트 앙글리이스끼 이즈익

영어 아시는 분 계세요? (누구라도 영어 아시나요?)

Кто-нибу́дь понима́ет по-англи́йски?

크또 니부우쯔 빠니마아이트 빠앙글리이스끼

영어 이해하시는 분 계세요? (누구라도 영어로 이해하나요?)

Кто-нибу́дь говори́т по-коре́йски?

크또 니부우쯔 가바리트 빠까리에이스끼

한국어 말하는 분 계세요? (누구라도 한국어로 말하나요?)

Tip

'이해하다'라는 뜻의 понима́ть
나 '말하다'라는 뜻의 говори́ть
는 언어를 말할 때 명사를 쓰
지 않고 по-коре́йски, по-
англи́йски 같은 부사를 씁니
다. понима́ть는 1식 동사(я
понима́ю, ты понима́ешь,
он понима́ет, мы понима́ем,
вы понима́ете, они
понима́ют)이고 говори́ть
는 2식 동사(я говорю́, ты
говори́шь, он говори́т, мы
говори́м, вы говори́те, они
говоря́т)입니다. (74쪽 참고)

주요표현 단어

пробле́ма 쁘라블리에마 문제〈여〉	**дверь** 드비에르 문〈여〉
ключ 끌리우취 열쇠〈남〉	**лифт** 리프트 엘리베이터〈남〉
но́мер 노오미르 번호, (호텔) 객실〈남〉	**пожа́р** 빠쥐아르 화재, 불〈남〉
ключ от но́мера 끌리우취 앗 노오미라 객실 열쇠	**кто-нибу́дь** 크또 니부우쯔
забы́ть 자브이쯔 잊다〈완〉	누구든지, 누구라도 (남성 취급)
биле́т 빌리에트 표, 티켓〈남〉	**коре́йский язы́к** 까리에이스끼 이즈익 한국어〈남〉
укра́сть 우끄라야스쯔 훔치다〈완〉	**англи́йский язы́к** 앙글리이스끼 이즈익 영어〈남〉
я нахожу́сь 야 나하쥐우스 나는 ~에 위치한다	**понима́ть** 빠니마아쯔 이해하다〈불완〉
(원형 находи́ться, 105쪽 참고)	**по-англи́йски** 빠앙글리스끼 영어로
откро́йте 앗끄로오이쩨 열어주세요	**говори́ть** 가바리이쯔 말하다〈불완〉
(원형 откры́ть, 열다)〈완〉	**по-коре́йски** 빠까리에이스끼 한국어로

문법이야기

동사의 명령형

한국어 발음으로 [이, 이쩨]로 끝나며 동사 어간에 따라 й(те), и(те), ь(те)가 옵니다.

	동사원형	형태변화	~해	~하세요
변하지 않는 부분의 끝이 모음일 때	читáть 읽다〈불완〉	читáю, читáешь	читáй	читáйте
	дать 주다〈완, 불규칙〉	дам, дашь	дай	дáйте
	открьíть 열다〈완〉	открóю, открóешь	открóй	открóйте
변하지 않는 부분의 끝이 자음일 때 (명령 강세는 어미 и에)	звонúть 전화하다〈불완〉	звоню́, звонúшь	звонú	звонúте
	позвонúть 전화하다〈완〉	позвоню́, позвонúшь	позвонú	позвонúте
	посмотрéть 보다〈완〉	посомотрю́, посмóтришь	посмотрú	посмотрúте
	помóчь 돕다〈완〉	помогý, помóжешь	помогú	помогúте
	сказáть 말하다〈완〉	скажý, скáжешь	скажú	скажúте
변하지 않는 부분의 끝이 자음이고 강세가 앞에 고정될 때	быть 있다, 이다, 되다	бýду, бýдешь	будь	бýдьте
	забьíть 잊다〈완〉	забýду, забýдешь	забýдь	забýдьте

1) 불완료 명령은 반복이거나 행위 자체의 특성을 말할 때 씁니다.

Звонúте в любóе врéмя. 언제든 전화하세요. (반복, 행위 특성)

Позвонúте сюдá. 여기로 전화해주세요. (구체적, 1회)

2) 특이하거나 불규칙 형태의 명령형들

пóмнить 기억하다   пóмни, пóмните (강세가 앞에 고정이어도 끝자음이 2개면 и, ите)

есть 먹다   ешь, éшьте   пить 마시다   пей, пéйте

вставáть 일어나다   вставáй, вставáй (-авать 동사 명령형은 -вай, -вайте)

동사의 청유형

청유형은 나와 상대방이 같이 하므로 주어는 мы이고 앞으로 할 거니까 시제는 미래입니다. 그러므로 давáй, давáйте 뒤에 мы의 미래시제를 쓰면 됩니다. 보통 мы는 쓰지 않습니다.

Давáй пойдём! 가자! (мы пойдём 우리는 갈 것이다)

Давáйте познакóмимся. 통성명합시다. (мы познакóмимся 우리는 통성명할 것이다)

많이 쓰는 청유형은 давáй, давáйте를 빼고 쓰기도 합니다.

Пойдём! 가자, 갑시다!

'통성명하다, 서로 소개하다'라는 동사 познакóмиться의 불완료상인 знакóмиться도 미래시제를 만들 수 있으므로, 청유형이 가능하며, 결과보다는 과정에 초점을 맞춥니다.

Давáйте бýдем знакóмиться. 통성명해 봅시다. (мы бýдем знакóмиться 통성명 해볼 것이다)

=Давáйте знакóмиться. 통성해 봅시다. (бýдем 생략 가능)

연습문제

1. 다음 러시아어를 읽고 해석하세요.

1) У меня́ укра́ли кошелёк. _____

2) Кто-нибу́дь говори́т по-коре́йски? _____

3) Я забы́л(а) биле́т до́ма. _____

4) Ты случа́йно не ви́дел(а) мой кошелёк? _____

note

- укра́сть (у생격)에게서 훔치다〈완〉
- кто́-нибу́дь 누구라도, 누구든
- забы́ть (대격을 장소에) 깜빡 두고 오다〈완〉

2. 다음 한국어를 보고 러시아어로 말해보세요.

1) 너 뭐 찾아?

_____

2) 저 문제 생겼어요.

_____

3) 여기 전화 좀 써도 될까요? (1회)

_____

4) 영어 아시는 분 계세요?

_____

- 찾다(과정) иска́ть (ищу́, и́щешь)
- 문제 пробле́ма
- 전화하다〈완〉 позвони́ть

3. 주어진 동사를 명령형으로 바꿔 보세요.

1) позвони́ть _____   2) чита́ть _____

3) забы́ть _____   4) сказа́ть _____

- -й(те), -и(те), -ь(те)

4. 주어진 동사를 청유형으로 바꿔 보세요.

1) пойти́ _____

2) познако́миться _____

- дава́й(те)+주어가 мы일 때 동사 미래 형태

정답

1. 1) 제 지갑을 도둑맞았어요.   2) 한국어로 말하시는 분 있나요?   3) 저는 티켓을 집에 두고 왔어요.
4) 너 혹시 내 지갑 못 봤어?   2. 1) Что ты и́щешь?   2) У меня́ пробле́ма.   3) Мо́жно отсю́да позвони́ть?   4) Кто-нибу́дь зна́ет англи́йский язык?   3. 1) позвони́, позвони́те   2) чита́й, чита́йте   3) забу́дь, забу́дьте   4) скажи́, скажи́те   4. 1) дава́й пойдём, дава́йте пойдём
2) дава́й познако́мимся, дава́йте познако́мимся

주제별 단어

감정 (형용사) (형용사는 50쪽 참고)

счастли́вый 행복한
쒸슬리이브이

ра́достный 기쁜
라아다스느이

удиви́тельный 놀라운
우지비이찔느이

го́рдый 자랑스러운
고오르드이

растéрянный 당황한
라스찌에린느이

серди́тый 화가 난
씨르지이뜨이

печа́льный 슬픈
삐취알느이

разочаро́ванный
라자취로오반느이
실망한

чу́вство 취우스뜨바 느낌, 감각〈중〉

эмо́ция 에모오찌야 감정, 정서〈여〉

мотива́ция 마찌바아찌야 동기, 이유〈여〉

хоро́ший 하로오쉬이 좋은

плохо́й 쁠라호오이 나쁜

позити́вный 빠지찌이브느이 긍정적인

негати́вный 니가찌이브느이 부정적인

споко́йный 스빠꼬오이느이 평온한

беспоко́йный 비스빠꼬오이느이 불안한

смешно́й 스미쉬노오이 웃긴

интере́сный 인찌리에스느이 재미있는, 흥미로운

ску́чный 스꾸우취느이 지루한, 재미없는

благода́рный 블라가다아르느이 고마운

дово́льный 다보올느이 만족한

недово́льный 니다보올느이 불만인

сы́тый 쓰이뜨이 배부른

голо́дный 갈로오드느이 배고픈

и́скренний 이이스끄린니 진실한

че́стный 취에스느이 정직한

люби́мый 류비이므이 좋아하는

симпати́чный 씸빠찌이취느이 호감가는, 귀여운

привлека́тельный 쁘리블리까아찔느이 매력적인

прекра́сный 쁘리끄라아스느이 아름다운, 멋진, 근사한

краси́вый 끄라씨이브이 예쁜, 잘생긴

стра́шный 스뜨라아쉬느이 무서운

ужа́сный 우줘아스느이 끔찍한

гру́стный 그루우스느이 우울한

несча́стный 니쒸아스느이 불행한

неудо́бный 니우도오브느이 거북한, 어색한

одино́кий 아지노오끼 외로운

уста́лый 우스따알르이 지친

фантасти́ческий 판따스찌이취스끼 환상적인

러시아 엿보기

한러 비자면제 협정

2014년 1월 1일부터 한국과 러시아 사이에 비자 면제 협정이 발효되었습니다. 이 협정에 따라 양국 국민들은 관광을 목적으로 방문할 때 비자 없이 60일까지 머무를 수 있습니다. 60일을 머무른 다음 잠깐 출국했다가 재입국하면 30일을 더 머무를 수 있습니다. 그렇지만 입국할 때 받는 입국증명서는 출국할 때까지 반드시 소지해야 합니다. 한국인과 같은 무비자 여행자에게 비자의 역할을 하기 때문입니다.

비용을 지불하고 러시아 현지의 초청장도 받아야 하고, 러시아 대사관에도 비자 발급비를 지불해야 하고, 발급받는 데 걸리는 기간도 7~10일 정도로 짧지 않았던 예전과 비교하면, 비용이나 시간뿐 아니라 심리적 부담이 훨씬 줄어든 셈이지요.

하지만 무비자로 입국할 때에도 7일(근무일 기준) 이상 러시아에 머무를 때는, 입국하고 7일 이내 거주등록신고를 해야 합니다. 호텔에 숙박하는 경우 여권을 맡기면 자동 등록되기 때문에 따로 신고할 필요가 없지만, 민박이나 일반 가정집에 묵을 경우엔 입국일로부터 7일 이내에 신고해야 합니다.

한편, 관광이 아닌 취업이나 돈을 버는 영리활동(공연·취재 등), 유학, 상주 등의 목적으로 방문할 때는 여전히 비자가 필요합니다. 관광 목적이 아닌데 무비자로 입국한 것이 적발되면 최고 5년 동안 러시아 입국이 금지될 수 있습니다.

урок

16

Поздравляю!
축하해!

기본회화

Тэсу : **У тебя́ есть вре́мя ве́чером?**
우 찌비아   이에스쯔 브리에먀   비에취람

Мила : **Есть. А что?**
이에스쯔   아   쉬또

Тэсу : **Сего́дня у меня́ день рожде́ния.**
씨보오드냐   우 미니아   지엔   라쥐지에니야

Я хочу́ пригласи́ть тебя́.
야 하취우   쁘리글라씨이쯔   찌비아

Мила : **С днём рожде́ния! Когда́?**
즈 드니옴   라쥐지에니야   까그다아

Тэсу : **Приходи́ ко мне в 6(шесть) часо́в ве́чера.**
쁘리하지이   까   므니에 프 쉬에스쯔   취쏘오프   비에취라

Мила : **Хорошо́. Я обяза́тельно приду́.**
하라쉬오   야 아비자아찔나   쁘리두우

Ещё раз поздравля́ю!
이쒸오   라스   빠즈드라블리아유

해석

태수: 너 저녁에 시간 있어?

밀라: 있어. 근데 무슨 일이야?

태수: 오늘 내 생일이야.
나는 너를 초대하고 싶어.

밀라: 생일 축하해! 언제야?

태수: 저녁 6시에 우리 집으로 와.

밀라: 좋아. 꼭 갈게.
다시 한번 축하해!

기본회화 해설

1. С днём рожде́ния! 생일 축하해!

축하할 내용은 'с 조격'으로, 축하받을 사람을 '대격'으로 표현하는데, 생략된 동사 поздравля́ть가 '대격의 조격을 축하한다'는 뜻이기 때문입니다.

　Я поздравля́ю тебя́ с днём рожде́ния! 나는 너의 생일을 축하해!

днём은 '날'이라는 뜻의 день의 조격(90쪽 참고)이며, рожде́ния는 '탄생'이라는 뜻의 рожде́ние의 생격으로 '탄생의'라는 뜻입니다. 뒤의 생격 명사는 앞 명사와 변해도 변하지 않습니다.

2. Приходи́ ко мне в 6 часо́в ве́чера. 우리 집에(나한테) 저녁 6시에 와.

приходи́는 '오다'라는 불완료상 동사 приходи́ть의 명령형입니다. 15과에서 구체적인 1회의 명령은 완료상을 쓴다고 했지만, 초대의 행위일 때는 불완료상 명령을 씁니다. приходи́ть는 2식 동사로 я에서만 자음교체가 일어납니다.(я прихожу́, ты прихо́дишь, он прихо́дит, мы прихо́дим, вы прихо́дите, они́ прихо́дят) 한국어로 '나한테'는 у меня́, мне, ко мне가 있는데, у меня́는 '나의 소유, 나의 일정에'를 뜻하고, мне는 '나에게 주어진'를 뜻하며, ко мне는 '내가 있는 곳으로'를 의미합니다.

3. Я обяза́тельно приду́. 내가 꼭 갈게(올게: 너한테 올게).

불완료상인 приходи́ть와 완료상인 прийти́는 둘다 '오다'라는 뜻을 가지고 있습니다. 이 문장의 한국어 해석으로는 내가 너한테 '간다'고 되어 있지만, 상대방에게로 오는 것이므로 이 동사를 씁니다. 말하는 사람과 상대방이 있는 곳으로 올 때는 이 동사를 쓰고, 말하는 사람과 상대방이 없는 다른 곳으로 갈 때는 '가다, 이동하다'라는 동사인 идти́와 пойти́(131쪽 참고)를 씁니다. 그리고 가든지 오든지 결국 상대방이 있는 공간에 '있게 된다'는 뜻이므로 быть를 미래로 써서, я обяза́тельно бу́ду라고 표현할 수도 있습니다.(6과 참고)

새로 나온 단어

ве́чером 비에취람 저녁에
день рожде́ния 지엔 라쥐지에니야 생일〈남〉
рожде́ние 라쥐지에니예 태어남, 탄생〈중〉
пригласи́ть 쁘리글라씨이쯔 초대하다〈완〉
приходи́ть 쁘리하지이쯔 오다〈불완〉

обяза́тельно 아비자아찔나 꼭, 반드시
поздравля́ть 빠즈드라블리야쯔
　축하하다 (대격 с+조격)〈불완〉
ещё раз 이쒸오 라스 한번 더, 다시 한번

주요표현

Tip

직역하면 새해를 축하한다는 뜻으로, '축하하다' 동사 поздравля́ть가 생략되어 있으며, 새해 1월 1일을 뜻하는 Но́вый год가 조격으로 바뀐 형태입니다. 전치사 c 때문에 명사 год가 조격 го́дом이 되었고, 형용사는 무조건 명사를 따라가야 하므로 Но́вый가 조격인 Но́вым이 되었습니다. 형용사 격변화는 부록을 참고하며 차차 연습하고, 우선 표현으로 익히시길요.

Tip

да́йте는 '주세요'라는 뜻이고, переда́йте는 '전해주세요'라는 뜻입니다. '안녕'이라는 인사를 의미하는 приве́т은 안부라는 뜻도 가지고 있습니다. 모든 사람들이라는 все는 여격일 때 всем입니다. '모든 것'이라는 뜻의 всё와는 다른데, все는 복수이고, всё는 중성 단수입니다.

Tip

спаси́бо는 고마운 사람을 여격, 고마운 이유를 за 대격으로 표현합니다.

Tip

'단어'라는 뜻의 сло́во는 복수인 слова́가 되면 '말, 이야기'라는 뜻이 됩니다.

С Но́вым го́дом!
스 노오브임   고오담

새해 복 많이 받으세요!

С Рождество́м!
스 라쥐지스뜨보옴

메리 크리스마스!

С пра́здником!
스 쁘라아즈니깜

명절 축하해요!

Это пода́рок для тебя́.
에에따 빠다아락   들랴 찌비아

이건 너를 위한 선물이야.

Переда́йте всем приве́т.
뻬리다아이쩨   프씨엠 쁘리비에트

모두에게 안부 전해주세요.

Спаси́бо за внима́ние.
스빠씨이바   자 브니마아니예

관심 감사합니다.

Спаси́бо вам большо́е.
스빠씨이바   밤   발쉬오예

당신에게 정말 감사합니다.

Спаси́бо за ва́ши тёплые слова́.
스빠씨이바   자   바아쉬   찌오쁠르이예 슬라바아

당신의 따뜻한 말 감사해요.

Спаси́бо тебе́ за по́мощь.
스빠씨이바   찌비에 자   뽀오마쒸

네 도움 고마워.

Спаси́бо вам за всё.
스빠씨이바   밤   자 프씨오

당신에게 모든 게 감사합니다.

Tip

기원을 할 때 쓰는 표현에는 '기원하다, 바라다'라는 뜻의 동사 жела́ть가 생략되어 있습니다. 이 동사는 기원을 받을 사람을 여격으로 쓰고, 기원의 내용을 생격으로 표현합니다. '행운'이라는 뜻의 уда́ча가 생격으로 바뀐 형태입니다. (명사 생격 14과 참고)

Tip

'평온한 밤'이라는 뜻의 споко́йная ночь가 생략된 동사인 жела́ть 때문에 생격으로 바뀐 형태입니다. 여성명사 ночь가 생격 но́чи로 바뀌어서 형용사도 생격인 споко́йной로 바뀌었습니다. (문법 참고)

Уда́чи!
우다아취
행운을 빌어!

Сча́стья и здоро́вья!
쒸아스찌야 이 즈다로오비야
행복하고 건강해!

Хоро́шего дня!
하로오쉬바　드니아
좋은 하루 되길!

Всего́ хоро́шего!
프씨보오 하로오쉬바
모든 일이 잘 되길!

Споко́йной но́чи!
스빠꼬오이나이 노오취
안녕히 주무세요!

Прия́тного аппети́та!
쁘리이아뜨나바 아삐찌이따
맛있게 드세요!

주요표현 단어

Но́вый год 노오브이 고트 새해(1월 1일)〈남〉
Рождество́ 라쥐지스뜨보오 크리스마스〈중〉
пра́здник 쁘라아즈닉 명절, 공휴일〈남〉
пода́рок 빠다아락 선물〈남〉
переда́йте 삐리다아이쩨 전해주세요
　(원형 переда́ть 전해주다)〈완〉
внима́ние 브니마아니예 관심, 주의〈중〉
тёплый 찌오쁠르이 따뜻한
слова́ 슬라바아 말〈복〉 (сло́во 단어〈중〉)
по́мощь 뽀오마쒸 도움〈여〉

жела́ть 쥘라아쯔 (생격을) 기원하다〈불완〉
уда́ча 우다아취아 행운〈여〉
споко́йная ночь 스빠꼬오이나야 노오취 평온한 밤〈여〉
сча́стье 쒸아스찌예 행복〈중〉
здоро́вье 즈다로오비에 건강〈중〉
хоро́ший день 하로오쉬이 지엔 좋은 날〈남〉
всё хоро́шее 프시오 하로오쉬에 모든 좋은 것〈중〉
прия́тный аппети́т 쁘리이아뜨느이 아삐찌이트
　기분 좋은 입맛〈남〉

문법이야기

형용사의 생격

모든 형용사는 명사의 성과 수에 따라 남성, 여성, 중성, 단수의 형태를 가지고 있습니다. 그런데 명사가 격변화를 하니, 형용사도 따라서 격변화를 합니다.

	주격(1격)	생격(2격)
남성	но́вый телефо́н 새 전화기	но́вого телефо́на
	како́й цвет 어떤 색깔	како́го цве́та
	коре́йский язы́к 한국어	коре́йского языка́
	хоро́ший день 좋은 날	хоро́шего дня
	си́ний трамва́й 파란 전차(tram)	си́него трамва́я
여성	но́вая рабо́та 새로운 일	но́вой рабо́ты
	кака́я кни́га 어떤 책	како́й кни́ги
	коре́йская пе́сня 한국 노래	коре́йской пе́сни
	хоро́шая ночь 좋은 밤	хоро́шей но́чи
	си́няя маши́на 파란 자동차	си́ней маши́ны
중성	но́вое зда́ние 새 건물	но́вого зда́ния
	како́е сло́во 어떤 단어	како́го сло́ва
	коре́йское посо́льство 한국 대사관	коре́йского посо́льства
	хоро́шее и́мя 좋은 이름	хоро́шего и́мени
	си́нее не́бо 파란 하늘	си́него не́ба

1) 주격 남성에서 -ый로 끝나는 형용사는 생격 남성과 중성에서 -ого, 여성에서 -ой로 바뀝니다.
   → но́вый 새로운

2) 주격 남성에서 -ой로 끝나는 형용사는 강세가 항상 뒤에 있으며, 생격 남성과 중성에서 -о́го, 여성에서 -о́й로 바뀝니다. → како́й 어떤

3) 주격 남성에서 -кий, -гий, -хий로 끝나는 형용사는 생격 남성과 중성에서 -ого, 여성에서 ой로 바뀝니다. → коре́йский 한국의

4) 주격 남성에서 -ший, -щий, -жий, -чий로 끝나는 형용사는 생격 남성과 중성에서 -его, 여성에서는 -ей로 바뀝니다. → хоро́ший 좋은

5) 주격 남성에서 к, г, х, ш, щ, ж, ч가 아닌데 -ий로 끝나는 형용사는 생격 남성과 중성에서 -его, 여성에서 -ей로 바뀝니다. → си́ний 파란

*4번과 5번 경우만 -его, -ей이고, 나머지는 -ого, -ой로 정리하면 되겠습니다.

연습문제

1. 다음 러시아어를 읽고 해석하세요.

1) Спаси́бо за ва́ши тёплые слова́. _____

2) Ещё раз поздравля́ю! _____

3) Это пода́рок для тебя́. _____

4) Приходи́те ко мне сего́дня ве́чером. _____

note

- тёплые слова́
  따뜻한 말〈복〉
- ещё раз 다시 한번
- пода́рок 선물
- ко мне 나에게로, 내가
  있는 쪽으로

2. 다음 한국어를 보고 러시아어로 말해보세요.

1) 너 저녁에 시간 있어? _____

2) 나는 너를 초대하고 싶어! _____

3) 좋아. 꼭 갈게. _____

4) 당신에게 정말 감사합니다. _____

- 저녁에 ве́чером
- 나는 ~하고 싶다
  я хочу́
  (хоте́ть 87쪽 참고)
- 정말 감사하다
  спаси́бо большо́е

3. 주어진 단어를 기원의 뜻으로 바꾸세요.

1) уда́ча _____

2) сча́стье и здоро́вье _____

3) прия́тный аппети́т _____

4) споко́йная ночь _____

- 기원의 뜻일 때는 명사와
  형용사를 생격으로 바꿈

4. 주어진 단어를 축하의 뜻으로 바꾸세요.

1) пра́здник _____   2) Рождество́ _____

3) день рожде́ния _____   4) Но́вый год _____

- 축하의 뜻일 때는 명사와
  형용사를 'с+조격'으로
  바꿈

정답

1. 1) 당신의 따뜻한 말 감사해요.   2) 다시 한번 축하해.   3) 이건 너를 위한 선물이야.   4) 오늘 저녁에 우리 집에 오세요.   2. 1) У тебя́ есть вре́мя ве́чером?   2) Я хочу́ пригласи́ть тебя́.   3) Хорошо́. Обяза́тельно приду́.   4) Спаси́бо вам большо́е.   3. 1) Уда́чи!   2) Сча́стья и здоро́вья! 3) Прия́тного аппети́та!   4) Споко́йной но́чи!   4. 1) С пра́здником!   2) С Рождество́м! 3) С днём рожде́ния!   4) С Но́вым го́дом!

동물

соба́ка 개〈여〉
싸바아까

ко́шка 고양이〈여〉
꼬오쉬까

свинья́ 돼지〈여〉
스비니아

ло́шадь 말〈여〉
로오쉬아쯔

обезья́на 원숭이〈여〉
아비지이아나

лев 사자〈남〉
리에프

тигр 호랑이〈남〉
찌그르

медве́дь 곰〈남〉
미드비에쯔

живо́тное 쥐보오뜨나예 동물〈중〉(형용사 형태)

кры́са 끄르이싸 쥐〈여〉

мышь 므이쉬 생쥐, (컴퓨터) 마우스〈여〉

коро́ва 까로오바 암소〈여〉

бык 브익 황소〈남〉

за́яц 자아이쯔 산토끼〈남〉

кро́лик 끄로올릭 집토끼〈남〉

драко́н 드라꼬온 용, 드래곤〈남〉

змея́ 즈미이아 뱀〈여〉

овца́ 아프짜아 암양〈여〉

бара́н 바라안 숫양〈남〉

ку́рица 꾸우리짜 암탉〈여〉

пету́х 삐뚜우흐 수탉〈남〉

пти́ца 프찌이짜 새〈여〉

орёл 아리올 독수리〈남〉

воро́на 바로오나 까마귀〈여〉

ле́бедь 리에비쯔 백조〈남〉 (문학에서 가끔〈여〉)

ла́сточка 라아스따취까 제비〈여〉

пингви́н 삥그비인 펭귄〈남〉

ры́ба 르이바 물고기〈여〉

аку́ла 아꾸울라 상어〈여〉

кит 끼트 고래〈남〉

морж 모르쉬 물개, 바다코끼리〈남〉

слон 슬론 코끼리〈남〉

волк 볼끄 늑대〈남〉

лиса́ 리싸아 여우〈여〉

жира́ф 쥐라아프 기린〈남〉

зе́бра 지에브라 얼룩말, 횡단보도〈여〉

крокоди́л 끄라까지일 악어〈남〉

черепа́ха 취리빠아하 거북〈여〉

осёл 아씨올 당나귀〈남〉

верблю́д 비르블리우트 낙타〈남〉

러시아 엿보기

러시아의 공휴일과 명절

현재 러시아의 국경일은 새해(1월 1일 Но́вый год), 조국수호자의 날(2월 23일 День защи́тника Оте́чества), 국제 여성의 날(3월 8일 Междунаро́дный же́нский день), 봄과 노동의 축일(5월 1일 Пра́здник Весны́ и Труда́), 승전기념일(5월 9일 День Побе́ды), 러시아의 날(6월 12일 День Росси́и), 국민통합의 날(11월 4일 День наро́дного еди́нства)입니다.

그렇지만 크리스마스 1월 7일을 포함하여 신년연휴는 실질적으로 1월 1일부터 8일까지입니다. 러시아의 크리스마스가 1월에 있는 이유는 율리우스력을 기준으로 정교회 축일을 기념하기 때문입니다. 만약 공휴일과 주말이 겹치면 평일을 대체휴일로 정하는데, 보통 다른 연휴와 붙여서 쉬는 방식을 택합니다.

승전기념일은 2차 세계대전 당시 독일의 침공에 맞서 러시아가 승리를 거둔 것을 기념하는 동시에, 나라를 지켰던 사람들에게 감사를 표하고 희생자들을 추모하는 날입니다. 이 날은 국가 차원에서 이루어지는 성대한 행사 외에도 노병들이 있는 곳이면 어디든 그들에게 감사함을 전하는 행사들이 진행됩니다.

그 외에 러시아의 전통적인 명절 중 대표적인 것은 부활절 8주 전의 봄맞이 축제 마슬레니차(Ма́сленица)입니다. 이 기간에는 태양을 상징하는 블리느이(блины́)를 구워 배불리 먹고, 겨울을 상징하는 허수아비를 태우며 다양한 놀이를 합니다.

러시아 정교의 가장 중요한 축일 중 하나인 부활절(Па́сха)은 춘분 이후 첫 보름이 지난 일요일(3월 말에서 4월 말)입니다. 부활절에 "그리스도가 부활하셨다(Христо́с воскре́се)"라고 하면 "진정으로 부활하셨다(Вои́стину воскре́се)"라고 답합니다.

부록

1. 러시아어 주요 문법

1. 대명사의 격변화

주격(1)	생격(2)	여격(3)	대격(4)	с 조격(5)	о 전치격(6)
кто-что	кого́-чего́	кому́-чему́	кого́-что	с кем-чем	о ком-чём
я 나	меня́	мне	меня́	со мной	обо мне
ты 너	тебя́	тебе́	тебя́	с тобой	о тебе́
он 그	его́	ему́	его́	с ним (им)	о нём
она́ 그녀	её	ей	её	с ней (ей)	о ней
оно́ 그것	его́	ему́	его́	с ним (им)	о нём
мы 우리	нас	нам	нас	с нами	о нас
вы 당신	вас	вам	вас	с ва́ми	о вас
они́ 그들	их	им	их	с ни́ми (ими)	о них
자신	себя́	себе́	себя́	с собой	о себе́

1) 주격(1)은 문장의 주어 역할을 하므로 그 앞에 전치사가 올 수 없습니다.

2) 생격(2), 여격(3), 대격(4), 조격(5)은 앞에 전치사가 올 수도 있고 아닐 수도 있습니다. 전치사 뒤에 대명사가 오면 3인칭(он, она́, оно́, они́)의 변화형 앞에 н이 추가됩니다.

3) 전치격(6)은 전치사 없이는 쓰일 수 없는 격입니다. 의미는 전치사에 따라 달라집니다.

4) '자신'을 뜻하는 себя́는 앞에 나온 주격을 다시 받을 때 쓰이므로 주격이 없습니다.

5) 대명사는 대격과 생격의 형태가 같습니다.

6) 조격 мной, тобой, ей는 мно́ю, тобо́ю, е́ю로 되는 경우도 있습니다.

7) 1인칭 단수(я)는 전치사 к, с, о와 결합할 때 ко мне, со мной, обо мне가 됩니다.

주격(1)	생격(2)	여격(3)	대격(4)	조격(5)	전치격(6)
кто-что	кого́-чего́	кому́-чему́	кого́-что	кем-чем	о ком-чём
телефо́н 전화	телефо́на	телефо́ну	телефо́н	телефо́ном	о телефо́не
оте́ц 아버지	отца́	отцу́	отца́	отцо́м	об отце́
врач 의사	врача́	врачу́	врача́	врачо́м	о враче́
муж 남편	му́жа	му́жу	му́жа	му́жем	о му́же
музей 박물관	музе́я	музе́ю	музе́й	музе́ем	о музе́е
ге́ний 천재	ге́ния	ге́нию	ге́ния	ге́нием	о ге́нии
учи́тель 선생님	учи́теля	учи́телю	учи́теля	учи́телем	об учи́теле
слова́рь 사전	словаря́	словарю́	слова́рь	словарём	о словаре́
день 날, 낮	дня	дню	день	днём	о дне

1) 남성명사의 생격(2)은 자음으로 끝나면 а를 추가하고, й나 ь로 끝나면 я로 교체합니다. 출몰모음이 있다면 탈락되며, 탈락모음에 강세가 있다면, 그 강세는 뒤로 이동합니다.

2) 남성명사의 여격(3)은 자음으로 끝나면 у를 추가하고, й나 ь로 끝나면 ю로 교체합니다. 출몰모음이 있다면 탈락되며, 탈락모음에 강세가 있다면, 그 강세는 뒤로 이동합니다.

3) 남성명사의 대격(4)은 정해진 형태가 없고, 명사가 кто(사람과 동물 등의 활동체)일 때는 생격(2)의 형태를 빌려 쓰고, что(사물과 식물)일 때는 주격(1)의 형태를 빌려 씁니다.

4) 남성명사의 조격(5)은 자음으로 끝나면 ом을 추가하고, й나 ь로 끝나면 ем으로 교체합니다. 만약 끝자음이 ш, щ, ж, ч, ц이고 뒤에 오는 모음에 강세가 없을 때, ом이 아니라 ем이 됩니다. 출몰모음이 있다면 탈락되며, 탈락모음에 강세가 있다면, 그 강세는 뒤로 이동합니다. ь로 끝나는 명사의 강세가 뒤에 있으면 ём으로 바뀝니다.

5) 남성명사의 전치격(6)은 자음으로 끝나면 е를 추가하고, й나 ь로 끝나면 е로 교체하는데, 만약 ий로 끝난다면 ии로 교체합니다. 전치격(6)을 쓰는 전치사 о는 단모음 а, э, и, о, у, ы 앞에서 об로 바뀝니다. 출몰모음이 있다면 탈락되며, 탈락모음에 강세가 있다면, 그 강세는 뒤로 이동합니다.

6) 일부 -а, -я로 끝나는 사람 남성명사는 여성명사처럼 변화합니다.

3. 여성명사의 격변화

주격(1)	생격(2)	여격(3)	대격(4)	조격(5)	전치격(6)
кто-что	кого́-чего́	кому́-чему́	кого́-что	кем-чем	о ком-чём
Москва́ 모스크바	Москвы́	Москве́	Москву́	Москво́й	о Москве́
кни́га 책	кни́ги	кни́ге	кни́гу	кни́гой	о кни́ге
уда́ча 행운	уда́чи	уда́че	уда́чу	уда́чей	об уда́че
душа́ 영혼	души́	душе́	душу́	душо́й	о душе́
больни́ца 병원	больни́цы	больни́це	больни́цу	больни́цей	о больни́це
семья́ 가족	семьи́	семье́	семью́	семьёй	о семье́
Коре́я 한국	Коре́и	Коре́е	Коре́ю	Коре́ей	о Коре́е
Росси́я 러시아	Росси́и	Росси́и	Росси́ю	Росси́ей	о Росси́и
ночь 밤(night)	но́чи	но́чи	ночь	но́чью	о но́чи
мать 어머니	ма́тери	ма́тери	мать	ма́терью	о ма́тери
любо́вь 사랑	любви́	любви́	любо́вь	любо́вью	о любви́

1) 여성명사의 생격(2)은 а로 끝나면 ы로, я나 ь로 끝나면 и로 교체합니다. 하지만 а로 끝날 때 그 앞 자음이 к, г, х, ш, щ, ж, ч라면 ы를 и로 교체합니다. мать와 дочь는 중간에 ер가 들어가고, любо́вь는 출몰모음 о가 빠지며 변화됩니다.

2) 여성명사의 여격(3)은 а나 я로 끝나면 е로, ь로 끝나면 и로 교체하는데, 만약 ия로 끝나면 ии가 됩니다. мать와 дочь는 중간에 ер가 들어가고 любо́вь는 출몰모음 о가 빠지며 변화됩니다.

3) 여성명사의 대격(4)은 а로 끝나면 у로 교체하고, я로 끝나면 ю로 교체합니다. 만약 ь로 끝나면 주격(1)의 형태와 같습니다.

4) 여성명사의 조격(5)은 а로 끝나면 ой로 교체하고, я로 끝나면 ей로 교체합니다. 만약 а로 끝났는데 а에 강세가 없고 그 앞의 자음이 ш, щ, ж, ч, ц라면, ой가 아니라 ей가 됩니다. я로 끝났는데 강세가 я에 있다면 ёй가 됩니다. 만약 ь로 끝나면 ью로 교체합니다. мать와 дочь는 중간에 ер가 들어가며 변화됩니다. любо́вь는 조격에서만 출몰모음이 남아 있습니다. 시나 노래의 문어적 표현이나 운율을 이유로 -ой가 -ою로 바뀔 수 있고, ей가 ею로 바뀔 수 있습니다. (душо́й = душо́ю, уда́чей = уда́чею)

5) 여성명사의 전치격(6)은 а나 я로 끝나면 е로 교체하고, ь로 끝나면 и로 교체하는데, 만약 ия로 끝나면 ии가 됩니다. мать와 дочь는 중간에 ер가 들어가고, любóвь는 출몰모음 о가 빠지며 변화됩니다. 전치격(6)을 쓰는 전치사 о는 단모음 а, э, и, о, у, ы 앞에서 об로 바뀝니다.

4. 중성명사의 격변화

주격(1)	생격(2)	여격(3)	대격(4)	조격(5)	전치격(6)
кто-что	когó-чегó	комý-чемý	когó-что	кем-чем	о ком-чём
мéсто 자리	мéста	мéсту	мéсто	мéстом	о мéсте
я́блоко 사과	я́блока	я́блоку	я́блоко	я́блоком	о я́блоке
мóре 바다	мóря	мóрю	мóре	мóрем	о мóре
счáстье 행복	счáстья	счáстью	счáстье	счáстьем	о счáстье
бельё 속옷, 세탁물	белья́	бельью́	бельё	бельём	о бельé
здáние 건물	здáния	здáнию	здáние	здáнием	о здáнии
врéмя 시간	врéмени	врéмени	врéмя	врéменем	о врéмени
и́мя 이름	и́мени	и́мени	и́мя	и́менем	об и́мени

1) 중성명사의 생격(2)은 о로 끝나면 а로 교체하고, е로 끝나면 я로 교체합니다. мя로 끝나는 특수형은 мени로 교체합니다.

2) 중성명사의 여격(3)은 о로 끝나면 у로 교체하고, е로 끝나면 ю로 교체합니다. мя로 끝나는 특수형은 мени로 교체합니다.

3) 중성명사의 대격(4)은 주격(1)과 같습니다. (단수만 같고, 복수는 кто는 생격, что는 주격)

4) 중성명사의 조격(5)은 о로 끝나면 ом이 되고, е로 끝나면 ем이 됩니다. мя로 끝나는 특수형은 менем이 됩니다. 드물게 ё로 끝나는 중성명사가 있는데, 그러면 ём이 됩니다.

5) 중성명사의 전치격(6)은 о나 е로 끝나면 е로 교체하는데, 만약 ие로 끝나면 ии가 됩니다. мя로 끝나는 특수형은 мени로 교체합니다.

5. 단수명사의 격변화

	주격(1)	생격(2)	여격(3)	대격(4)	조격(5)	전치격(6)
남성	-자음	-а	-у	=주격/생격	-ом(ем)	-е
	-й, -ь	-я	-ю		-ем	-е(и)
여성	-а	-ы	-е	-у	-ой(ей)	-е
	-я	-и	-е(и)	-ю	-ей	-е(и)
	-ь	-и	-и	-ь	-ью	-и
중성	-о	-а	-у	=주격	-ом	-е
	-е	-я	-ю		-ем	-е(и)
	-мя	-мени	-мени		-менем	-мени

1) 남성대격 кто=생격, что=주격, -а, -я로 끝나는 남성은 여성처럼 변화합니다.

2) 전치격에서 -ий(남), -ия(여), -ие(중)는 -ии가 됩니다.

3) 여격에서 -ия(여)는 -ии가 됩니다.

4) 조격 남성에서 ж, ч, ш, щ, ц는 강세가 없으면 -ем이 됩니다.

4) 조격 여성에서 жа, ча, ша, ща, ца는 강세가 없으면 -ей가 됩니다.

5) 전치격 중 남성명사 일부는 장소에서 у나 ю를 취합니다. (порт 항구, в порту́ 항구에서, аэропо́рт 공항, в аэропорту́ 공항에서)

6. 복수명사의 격변화

	주격(1)	생격(2)	여격(3)	대격(4)	조격(5)	전치격(6)
남성	-ы, -и	-ов, -ев, -ей	-ам (-ям)	=주격/생격	-ами (-ями)	-ах (-ях)
여성		-, -ь, -й, -ей				
중성	-а, -я	-, -й, -ей		=주격		

1) 복수생격 (남)

-자음 → -ов

-й, -ц(강세 없을 때), -ья(복수 형태) → -ев

-ь, -ж, -ч, -ш, -щ(남), -ья́(복수 형태) → -ей

2) 복수생격 (여)

-а → 끝모음 없어짐

-я → -ь   -ия → -ий

-ь → -ей

3) 복수생격 (중)

-о, -же, -че, -ше, -ще, -це → 끝모음 없어짐

-ие → -ий   -е → -ей

7. 단수형용사 격변화

	주격(1)	생격(2)	여격(3)	대격(4)	조격(5)	전치격(6)
남성	-ый(о́й)	-ого	-ому	=주격/생격	-ым	-ом
	ий	-его	-ему		-им	-ем
여성	-ая	-ой	-ой	-ую	-ой	-ой
	-яя	-ей	-ей	-юю	-ей	-ей
중성	-ое	-ого	-ому	-ое	-ым	-ом
	-ее	-его	-ему	-ее	-им	-ем

8. 지시형용사 격변화

모든	주격(1)	생격(2)	여격(3)	대격(4)	조격(5)	전치격(6)
남성	весь	всего́	всему́	весь/всего́	всем	всём
여성	вся	всей	всей	всю	всей	всей
중성	всё	всего́	всему́	всё	всем	всём
복수	все	всех	всем	все/всех	все́ми	всех

이, 이러한	주격(1)	생격(2)	여격(3)	대격(4)	조격(5)	전치격(6)
남성	э́тот	э́того	э́тому	э́тот/э́того	э́тим	э́том
여성	э́та	э́той	э́той	э́ту	э́той	э́той
중성	э́то	э́того	э́тому	э́то	э́тим	э́том
복수	э́ти	э́тих	э́тим	э́ти/э́тих	э́тими	э́тих

그, 저	주격(1)	생격(2)	여격(3)	대격(4)	조격(5)	전치격(6)
남성	тот	того́	тому́	тот/того́	тем	том
여성	та	той	той	ту	той	той
중성	то	того́	тому́	то	тем	том
복수	те	тех	тем	те/тех	те́ми	тех

9. 소유형용사 격변화

나의	주격(1)	생격(2)	여격(3)	대격(4)	조격(5)	전치격(6)
남성	мой	моего́	моему́	мой/моего́	мои́м	моём
여성	моя́	мое́й	мое́й	мою́	мое́й	мое́й
중성	моё	моего́	моему́	моё	мои́м	моём
복수	мои́	мои́х	мои́м	мои́/мои́х	мои́ми	мои́х

우리의	주격(1)	생격(2)	여격(3)	대격(4)	조격(5)	전치격(6)
남성	наш	на́шего	на́шему	наш/на́шего	на́шим	на́шем
여성	на́ша	на́шей	на́шей	на́шу	на́шей	на́шей
중성	на́ше	на́шего	на́шему	на́ше	на́шим	на́шем
복수	на́ши	на́ших	на́шим	на́ши/на́ших	на́шими	на́ших

누구의	주격(1)	생격(2)	여격(3)	대격(4)	조격(5)	전치격(6)
남성	чей	чьего́	чьему́	чей/чьего́	чьим	чьём

여성	чья	чьей	чьей	чью	чьей	чьей
중성	чьё	чьего́	чьему́	чьё	чьим	чьём
복수	чьи	чьих	чьим	чьи/чьих	чьи́ми	чьих

10. 1식 동사

	знать 알다 (불완)	быть 있다, 이다 (불완료도 완료도 아님)	жить 살다 (불완)
	현재시제	미래시제	현재시제
я	зна́ю	бу́ду	живу́
ты	зна́ешь	бу́дешь	живёшь
он(а́)	зна́ет	бу́дет	живёт
мы	зна́ем	бу́дем	живём
вы	зна́ете	бу́дете	живёте
они́	зна́ют	бу́дут	живу́т
	과거시제	과거시제	과거시제
он (я, ты)	знал	был	жил
она́ (я, ты)	зна́ла	была́	жила́
оно́	зна́ло	бы́ло	жи́ло
они́ (мы, вы)	зна́ли	бы́ли	жи́ли

	сказа́ть 말하다 (완)	чу́вствовать 느끼다 (불완)	встава́ть 일어나다 (불완)
	미래시제	현재시제	현재시제
я	скажу́	чу́вствую	встаю́
ты	ска́жешь	чу́вствуешь	встаёшь
он(а́)	ска́жет	чу́вствует	встаёт
мы	ска́жем	чу́вствуем	встаём

вы	ска́жете	чу́вствуете	встаёте
они́	ска́жут	чу́вствуют	встают
	과거시제	과거시제	과거시제
он (я, ты)	сказа́л	чу́вствовал	встава́л
она́ (я, ты)	сказа́ла	чу́вствовала	встава́ла
оно́	сказа́ло	чу́вствовало	встава́ло
они́ (мы, вы)	сказа́ли	чу́вствовали	встава́ли

1) 1식 규칙 동사는 맨 끝의 ть가 빠지고 어미 -ю, -ешь, -ет, -ем, -ете, -ют이 붙는다.

2) 1식 변형 동사는 동사원형과 인칭변화할 때의 어간이 다르다.

3) 1식 변형 동사에서 주어가 я일 때 어미가 у이면 주어가 они일 때 어미가 ут이다.

4) 1식 변형 동사에서 강세가 어미에 있으면 -ешь, -ет, -ем, -ете에서 е가 ё로 바뀐다.

5) 1식 변형 동사에서 강세가 어미에 있으면 주어 ты부터 강세가 앞으로 갈 수도 있다.

6) 동사의 과거형은 1식, 2식이 없고 동사원형에서 ть를 뺀 후 л, ла, ло, ли를 추가한다.

11. 2식 동사

	говори́ть 말하다 (불완)	звони́ть 전화하다 (불완)	смотре́ть 보다 (불완)
	현재시제	현재시제	현재시제
я	говорю́	звоню́	смотрю́
ты	говори́шь	звони́шь	смо́тришь
он(а́)	говори́т	звони́т	смо́трит
мы	говори́м	звони́м	смо́трим
вы	говори́те	звони́те	смо́трите
они́	говоря́т	звоня́т	смо́трят
	과거시제	과거시제	과거시제
он (я, ты)	говори́л	звони́л	смотре́л

она́ (я, ты)	гοвοри́ла	звони́ла	смотре́ла
оно́	говори́ло	звони́ло	смотре́ло
они́ (мы, вы)	говори́ли	звони́ли	смотре́ли

	спать 자다 (불완)	ви́деть 보다, 보이다 (불완)	зна́чить 살다 (불완)
	현재시제	현재시제	현재시제
я	сплю	ви́жу	зна́чу
ты	спишь	ви́дишь	зна́чишь
он(а́)	спит	ви́дит	зна́чит
мы	спим	ви́дим	зна́чим
вы	спите	ви́дите	зна́чите
они́	спят	ви́дят	зна́чат
	과거시제	과거시제	과거시제
он (я, ты)	спал	ви́дел	зна́чил
она́ (я, ты)	спала́	ви́дела	зна́чила
оно́	спа́ло	ви́дело	зна́чило
они́ (мы, вы)	спа́ли	ви́дели	зна́чили

1) 2식 규칙 동사는 -ть와 그 앞의 자음까지 뺀 후 어미 -ю, -ишь, -ит, -им, -ите, -ят가 붙는다.

2) 2식 동사에서 강세가 어미에 있으면 주어 ты부터 강세가 앞으로 갈 수도 있다.

3) 2식 동사에서 어간(변하지 않는 앞부분) 끝이 б, п, в, ф, м이면 주어가 я일 때만 л이 추가된다.

4) 2식 동사에서 어간 끝이 д이면 주어가 я일 때만 д가 ж로 바뀐다.

5) 2식 동사에서 어간 끝이 ш, щ, ж, ч이면 주어가 я일 때 -у, они일 때 -ат이 온다.

6) 동사의 과거형은 1식, 2식이 없고 동사원형에서 ть를 뺀 후 л, ла, ло, ли를 추가한다.

12. -ся가 붙는 동사

	занима́ться (1식) (몰두해서) 하다 (불완)	ложи́ться (2식) 눕다 (불완)	познако́миться (2식) 서로 소개하다 (완)
	현재시제	현재시제	미래시제
я	занима́юсь	ложу́сь	познако́млюсь
ты	занима́ешься	ложи́шься	познако́мишься
он(а́)	занима́ется	ложи́тся	познако́мится
мы	занима́емся	ложи́мся	познако́мимся
вы	занима́етесь	ложи́тесь	познако́митесь
они́	занима́ются	ложа́тся	познако́мятся
	과거시제	과거시제	과거시제
он (я, ты)	занима́лся	ложи́лся	познако́мился
она́ (я, ты)	занима́лась	ложи́лась	познако́милась
оно́	занима́лось	ложи́лось	познако́милось
они́ (мы, вы)	занима́лись	ложи́лись	познако́мились

1) -ся가 붙는 동사는 1식 동사도 있고, 2식 동사도 있다.

2) 동사를 인칭변화 한 후 ся를 붙이는데, 모음 뒤에서는 ся가 сь로 바뀐다.

3) 현재시제에서는 주어가 я일 때와 вы일 때 сь가 된다.

4) 과거시제에서는 어미가 -лся, -лась, -лось, -лись가 된다.

13. 자주 쓰이는 조동사

	люби́ть 좋아하다 (불완)	хоте́ть 원하다 (불완)	мочь 할 수 있다 (불완)
	현재시제	현재시제	현재시제
я	люблю́	хочу́	могу́
ты	лю́бишь	хо́чешь	мо́жешь

он(á)	лю́бит	хо́чет	мо́жет
мы	лю́бим	хоти́м	мо́жем
вы	лю́бите	хоти́те	мо́жете
они́	лю́бят	хотя́т	мо́гут
	과거시제	과거시제	과거시제
он (я, ты)	люби́л	хоте́л	мог
она́ (я, ты)	люби́ла	хоте́ла	могла́
оно́	люби́ло	хоте́ло	могло́
они́ (мы, вы)	люби́ли	хоте́ли	могли́

Я люблю́ слу́шать му́зыку. 나는 음악 듣는 것을 좋아한다.

Мы хоти́м отдыха́ть. 우리는 쉬고 싶다.

Я могу́ ждать, а вы – нет. 나는 기다릴 수 있지만, 당신은 아니죠.

14. 복수형용사 격변화

	주격(1)	생격(2)	여격(3)	대격(4)	조격(5)	전치격(6)
남성						
여성	-ые, -ие	-ых, -их	-ым, -им	=주격/생격	-ыми, -ими	-ых, -их
중성						

15. 의무, 필요를 나타내는 표현

1) 주어 + до́лжен(남), должна́(여), должно́(중), должны́(복) + 동사원형

    Я до́лжен знать. 난(남) 알아야 해.

    Я должна́ быть здесь. 난(여) 여기 있어야 해.

    Вы должны́ слу́шать меня́. 당신은 내 말을(나를) 들어야 해요.

2) 여격 + на́до(=ну́жно) + 동사원형

    Мне на́до знать. 난 알아야 해.

Нам ну́жно рабо́тать вме́сте. 우리는 함께 일할 필요가 있다.

	есть 먹다 (불완)	дать 주다 (완)	бежа́ть 달려가다 (불완)
	현재시제	미래시제	현재시제
я	ем	дам	бегу́
ты	ешь	дашь	бежи́шь
он(а́)	ест	даст	бежи́т
мы	еди́м	дади́м	бежи́м
вы	еди́те	дади́те	бежи́те
они́	едя́т	даду́т	бегу́т
	과거시제	과거시제	과거시제
он (я, ты)	ел	дал	бежа́л
она́ (я, ты)	е́ла	дала́	бежа́ла
оно́	е́ло	дало́	бежа́ло
они́ (мы, вы)	е́ли	да́ли	бежа́ли

Я ем лапшу́.

나는 국수를 먹고 있다. (лапша́ 국수)

За́втра (они́) тебе́ даду́т.

내일 (사람들이) 너한테 줄 거야. (они́ 생략하면 불특정 주어, 일반주어)

17. 표기 및 결합규칙 총합

1) к, г, х, ш, щ, ж, ч 뒤에는 ы가 오지 못하며, 대신 и가 옵니다.

2) к, г, х, ш, щ, ж, ч , ц 뒤에는 ю가 오지 못하며, 대신 у가 옵니다.

3) к, г, х, ш, щ, ж, ч , ц 뒤에는 я가 오지 못하며, 대신 а가 옵니다.

4) ш, щ, ж, ч , ц 뒤에 오는 모음에 강세가 없고, 그 모음이 о라면 e로 교체됩니다.

18. 본문에 나온 전치사의 뜻과 격

1) до: 생격(2)과 결합

   До свида́ния! 잘 가! (직역: 만남까지) (~까지, ~전까지)

2) у: 생격(2)과 결합

   У меня́ есть сестра́. 나에게는 누이가 있다. (사람 생격: 소유)

   У вхо́да 입구에서 (사물 생격: 아주 가까이)

3) к(ко): 여격(3)과 결합

   Приходи́ ко мне в го́сти. 나한테 손님으로 와. (사람 여격: 이동 목적지)

   Мо́жно её к телефо́ну? 그녀를 전화기 쪽으로 불러줄 수 있나요? (사물 여격: 대략적 방향)

4) по: 여격(3) 혹은 대격(4)과 결합, 본문에는 여격만 나옴

   по моско́вскому вре́мени 모스크바 시간으로 (~에 따르면, ~를 통해)

5) в(во): 대격(4) 혹은 전치격(6)과 결합

   Я живу́ в Сеу́ле. 나는 서울에 산다. (사물 전치격: 장소)

   Тебе́ на́до пойти́ в больни́цу. 너는 병원에 가야 한다. (사물 대격: 이동 목적지)

6) на: 대격(4) 혹은 전치격(6)과 결합, 본문에는 전치격만 나옴

   Её нет на ме́сте. 그녀는 자리에 없다. (사물 전치격: 장소)

7) о: 전치격(6) 전치사 о는 단모음 а, э, и, о, у, ы 앞에서 об로 교체

   о Сеу́ле 서울에 관해 (전치격: 화제)

8) за: 대격(4) 혹은 조격(5)과 결합, 본문에는 대격만 나옴

   Спаси́бо тебе́ за по́мощь. 도움에 대해 너에게 고맙다. (사물 대격: 감사의 이유)

9) с(со): 조격(5) 혹은 생격(2) 혹은 대격(4)과 결합, 본문에는 조격만 나옴

   С кем? 누구랑 (사람 조격: 동반)

   чай с лимо́ном 레몬차 (사물 조격: 포함)

2. 단어 색인

Г

Л

М

Н

3. 한국어 문장 색인

■저자 **조안순**

　고려대학교 인문대학 노어노문학과 졸업
　우크라이나 키예프국립대학 교환학생
　(현) 종로신중성어학원 러시아어 강사
　(현) 미래탐구, 학림학원 러시아어 강사
　한국가스공사, 국립외교원, 신한은행, 수출입은행 출강
　러시아어 학습 블로그 '안나비의 러시아어' 운영
　재외동포재단, 서울경찰청 러시아어 통역
　코리안넷, 틴코리안, 속초시 홈페이지 한러공동번역
　주간무역 러시아어 연재 (2011년–2017년)

혼자배우는 러시아어 첫걸음

초판 1쇄 발행　2019년 1월 15일
　　4쇄 발행　2024년 1월 10일

발행인 박해성
발행처 정진출판사
저자 조안순
편집 김양섭, 조윤수
기획마케팅 이훈, 박상훈, 이민희
디자인 허다경
삽화 그림숲
출판등록 1989년 12월 20일　제 6–95호
주소 02752 서울시 성북구 화랑로 119–8
전화 02–917–9900
팩스 02–917–9907
홈페이지 www.jeongjinpub.co.kr

ISBN 978–89–5700–158–5　*13790